Como Chegar ao seu Primeiro Milhão

Marco Falcone
Regina Tesima

Como Chegar ao seu Primeiro Milhão

A história de um casal que já atingiu o seu.

coleção Expo Money

Coordenação
Gustavo Cerbasi

ELSEVIER

CAMPUS

Copidesque: Thiago Gomes
Editoração Eletrônica: Estúdio Castellani
Revisão Gráfica: Andréa Campos Bivar e Jussara Bivar

Projeto Gráfico
Elsevier Editora Ltda.
A Qualidade da Informação.
Rua Sete de Setembro, 111 – 16º andar
20050-006 Rio de Janeiro RJ Brasil
Telefone: (21) 3970-9300 FAX: (21) 2507-1991
E-mail: *info@elsevier.com.br*
Escritório São Paulo:
Rua Quintana, 753/8º andar
04569-011 Brooklin São Paulo SP
Tel.: (11) 5105-8555

ISBN 978-85-352-2970-7

Nota: Muito zelo e técnica foram empregados na edição desta obra. No entanto, podem ocorrer erros de digitação, impressão ou dúvida conceitual. Em qualquer das hipóteses, solicitamos a comunicação à nossa Central de Atendimento, para que possamos esclarecer ou encaminhar a questão.

Nem a editora nem o autor assumem qualquer responsabilidade por eventuais danos ou perdas a pessoas ou bens, originados do uso desta publicação.

Central de atendimento
Tel.: 0800-265340
Rua Sete de Setembro, 111, 16º andar – Centro – Rio de Janeiro
e-mail: info@elsevier.com.br
site: www.campus.com.br

CIP-Brasil. Catalogação-na-fonte.
Sindicato Nacional dos Editores de Livros, RJ

F172c Falcone, Marco

Como chegar ao seu primeiro milhão : a história de sucesso de um casal que já atingiu o seu / Marco Falcone, Regina Tesima ; organização Gustavo Cerbasi. – Rio de Janeiro : Elsevier, 2008.
– (Expo money)

Inclui bibliografia
ISBN 978-85-352-2970-7

1. Finanças pessoais. 2. Investimentos. 3. Segurança financeira. 4. Riqueza. I. Tesima, Regina. II. Cerbasi, Gustavo, 1974-. III. Título. IV. Série.

08-0410, CDD: 332.02401
CDU: 330.567.2

Dedicamos este livro a todos aqueles que,
como nós, sonham com a possibilidade de um
dia se tornarem financeiramente independentes.

Se o dinheiro for a sua esperança de independência, você jamais a terá. A única segurança verdadeira consiste numa reserva de sabedoria, experiência e competência.

HENRY FORD

Apresentação

Quando eu disse "sim" à repórter que me perguntou se poderia publicar uma matéria citando-me como exemplo pessoal de construção de riqueza, titubeei e pedi alguns minutos para pensar. Aceitei, mas não foi uma escolha fácil. Aliás, é encarada por muitas pessoas como uma escolha perigosa. A atitude similar do casal Marco Aurélio e Regina é louvável, pois, além de desejarem compartilhar neste livro seu entusiasmo pelo enriquecimento possível e provável, fizeram isso em um país que vive uma guerra civil não-declarada entre ricos e desprezados pela sociedade.

Eu, o casal Falcone e todos aqueles que se servem de exemplos reais diante de questionamentos da possibilidade de enriquecer estamos provando que é possível mudar a história de famílias de classe média. Tenho plena convicção de que livros como o que você tem em mãos são ferramentas transformadoras que estão reescrevendo a sociologia da cultura brasileira. O democrático capitalismo e a estabilidade econômica brasileira agora permitem que surjam ricos que não são filhos de ricos, que não são "amigos do rei", que não sonegam impostos, que não exploram a ignorância alheia e que não têm que puxar saco de ninguém para se garantir na vida.

Melhor: Marco Aurélio e Regina provam que pessoas normais podem chegar lá, bastando apenas escolher esse caminho. Uma das grandes qualidades deste livro não está nas técnicas utilizadas para a conquista do milhão, mas sim no fato de que um casal de pessoas comuns conseguiu isso apesar de erros, dúvidas, más escolhas e dificuldades típicas de um casal de classe média com filhos pequenos. Você não irá ler mais um texto arrogante de quem lista truques infalíveis que, aparentemente, garantem seu sucesso. Prepare-se para ler sobre como aprender com erros, como lidar com as diferenças e como respeitar a pessoa amada.

Marco Aurélio, que nitidamente encabeçou a redação deste livro, diversas vezes demonstra sua preocupação com o excesso de transparência em sua estratégia e em seu patrimônio. Pessoalmente, acredito que se a posse de patrimônio é motivo de insegurança, esta tende a estar cada vez mais diluída entre os milhares de brasileiros que estão conquistando esse novo patamar, graças aos exemplos que se multiplicam e às condições favoráveis para isso. Acredito que ter um patrimônio de um milhão de reais, ou mesmo uma reserva previdenciária nesse valor, serão conquistas cada vez mais corriqueiras, até mesmo porque a história de Marco e Regina mostra que esses não são motivos suficientes para uma vida diferenciada. Independência financeira é muito mais sinônimo de segurança do que de liberdade ou de oportunidade para exageros.

Como consultor financeiro experiente na observação de planejamentos familiares, vejo-me na obrigação de reconhecer dois fatos importantes. Primeiro, o casal que conta aqui a sua história pagou e vem pagando um alto preço pela falta de informação – fato do qual eles podem ser isentados de culpa, pois a disseminação da educação financeira é incipiente no Brasil. Mesmo assim, eles têm os pés no chão e já sabem aonde podem chegar. Segundo, como bons discípulos de consultores conservadores como Mauro Halfeld, suas projeções são também extremamente conservadoras, o que resultará em duas conseqüências interessantes: 1) dificilmente se decepcionarão com seu projeto financeiro de vida e 2) provavelmente conquistarão seus objetivos antes ou em maior intensidade do que planejam, pois o conhecimento e a experiência se acumulam e aperfeiçoam as escolhas.

Espero que você, leitor, aproveite as lições passadas com tanta generosidade neste texto, e siga seu projeto pessoal com a mesma paixão com que Marco e Regina seguiram. E, se for o caso, espero que você também tenha uma bela história para contar em breve.

Gustavo Cerbasi

...

Hoje, mais do que nunca, temos que conquistar a nossa independência financeira para que possamos ter um futuro melhor. Normalmente não somos disciplinados em relação ao nosso dinheiro, não aprendemos a lidar com ele em nossa educação e nem sempre temos a oportunidade de aprimorar nossos conhecimentos sobre investimentos e os diversos aspectos do mercado de capitais. Por isso a Coleção Expo Money foi desenvolvida, como um agente transformador da sociedade, um guia para compreender melhor este maravilhoso mundo dos investimentos.

O conhecimento que você está adquirindo foi desenvolvido por um especialista no assunto e terá grande utilidade no entendimento das questões que tanto nos afligem: cuidar melhor do nosso Dinheiro e do nosso Futuro.

O grande segredo para um futuro financeiro melhor e mais eficiente está, agora, em suas mãos. Lembre-se, não existe fórmula mágica para ficar rico, o mais importante está na sua atitude diante das oportunidades que se apresentam para você. O nosso objetivo como coordenadores desta coleção é a transformação para uma sociedade mais justa e digna para todos. Boa leitura!

Robert Dannenberg
Presidente
www.expomoney.com.br

Agradecimentos

A Cristiane Moraes por possibilitar o contato inicial para o desenvolvimento deste livro.

A Robert Dannenberg pelo incentivo para que este livro fizesse parte da coleção Expo Money.

A Gustavo Cerbasi pelas horas de revisão e pelos comentários feitos em relação à nossa história no campo das finanças pessoais.

A Mauro Halfeld que, indiretamente, nos orientou e ajudou nessa trajetória de investimentos pessoais.

E, em especial, àqueles que nos fizeram ser o que somos, capacitando-nos para as nossas realizações.

Sumário

Coleção EXPO MONEY

CAPÍTULO 1
Introdução

A idéia de escrever este livro surgiu do desejo de dividir com as pessoas uma realização nossa, minha e da minha esposa, e restrita para um grupo pequeno de pessoas em nosso país: somos, ou seremos, em breve, milionários. Fruto do nosso trabalho, do nosso poupar e do aprender a investir. Partimos da estaca zero, ou melhor, sem nenhum centavo no bolso e, além disso, acumulamos esse patrimônio entre cinco e seis anos.

Mesmo assim, continuamos a nossa caminhada rumo à independência financeira, pois ainda não temos um valor investido que, através dos rendimentos, seja capaz de cobrir as nossas despesas. O caminho está traçado e o resultado até o momento apenas reforça nossa motivação para a conquista de um objetivo maior. Mas existe uma lacuna nesse processo: por mais que o nosso sucesso financeiro nos alegre, nos deixe cheios de satisfação pessoal, tivemos dificuldade em multiplicar esse objetivo para os nossos amigos mais próximos. Muito recentemente, após "verbalizar" essa conquista, eles começaram a se interessar e a nos questionar sobre o que e como fizemos.

Temos a impressão de que o resultado é capaz de gerar uma motivação para nossos amigos e familiares muito maior do que as nossas insistentes investidas no campo das finanças pessoais. Por exemplo, desde 2003 aplicamos no Tesouro Direto e comentamos sobre a "moleza" de ganhar um rendimento muito acima da inflação e com baixas taxas de administração, quando comparado aos fundos de renda fixa oferecidos pelos bancos. Entretanto, somente alguns **anos** depois um amigão viabilizou, de fato, a entrada dele nesse tipo de investimento. Falo do Tesouro Direto como se fosse o grande investimento. Isso só prova mais um fator interessante na nossa história: iniciamos como uma grande maioria, direcionando parte dos nossos salários para poupança e fundos de renda fixa.

Nosso desenvolvimento nessa área foi lento e simples. Tão simples quanto as nossas escolhas de investimento: poupança, fundos, Tesouro Direto e, mais recentemente, debêntures e ações. Nossa grande força está centrada em nossa capacidade de controlar e de manter os nossos gastos em níveis muito menores do que os ganhos que temos. Somos sim, bons poupadores. Mas é claro que, apesar de ser um começo, ainda não é o bastante. Falaremos sobre isso, mais adiante, quando faremos a nossa auto-avaliação, ou seja, aquilo que acreditamos ajuda no alcance das metas financeiras pessoais. Claro que será um resumo da nossa experiência. Contudo, desejamos que ela ajude o leitor, direta ou indiretamente, a também conquistar a sua independência financeira.

Temos, também, a nosso favor a situação do momento: o assunto finanças pessoais tem recebido, gradativamente, mais atenção dos meios de comunicação e, conseqüentemente, do público em geral. Regina e eu somos um exemplo concreto da possibilidade de se alcançar a independência financeira, conforme muitas orientações "didáticas ou acadêmicas". E muito disso conquistado de forma empírica ou graças à nossa predisposição em juntar dinheiro.

O assunto finanças pessoais é tratado em muitos artigos de forma banal, fria ou leviana. Algumas vezes, suportados por fundamentos matemáticos e planilhas eletrônicas (vejam, também usamos isso!), mas e daí? Papel aceita qualquer coisa e, apesar de bastante interessante, muitos de nós consideramos "aquele artigo" como algo irreal e o sonho de se tornar independente financeiramente torna-se mais uma promessa de Ano-Novo que se repetirá em alguns momentos, mas não sairá do campo das boas intenções. No próximo capítulo, abordaremos um pouco a questão da nossa postura em relação ao dinheiro e ao trabalho assalariado. Acreditamos que essa análise seja fundamental para o início de um processo que é lento e que exige persistência e dedicação. Conforme um artigo lido, também há pouco tempo, o ato de poupar com o objetivo de se alcançar a independência financeira está muito próximo a um processo de regime, no qual você precisa se privar de muitas guloseimas que lhe trazem felicidade imediata. Apesar de nunca ter feito regime (se fizesse já teria sumido, tal a ausência do que perder em termos de gordura!), a comparação foi muito positiva no sentido de clarear algo muito importante: para nós, dependentes do salário de todo final do mês, não é nada fácil economizar com o objetivo de uma "aposentadoria precoce". Por outro lado, estamos aqui para mostrar que também não é impossível e tampouco algo apenas imaginário.

Propositalmente, comentei sobre "se privar de muitas guloseimas". Percebemos ao longo desses anos que a idéia da poupança é diretamente relacionada à avareza ou à "pão-durice" por aqueles que não a praticam. Freqüentemente, ao citar nossos registros de gastos – e eu disse registros, ou seja, anotações – praticamente 100% das pessoas sorriam e diziam: "*Ah, Marco. Deixe de ser mão-de-vaca!*" Isso pelo simples fato de ter dito que eu havia registrado no meu controle o valor gasto em uma latinha de refrigerante. Em nenhum momento eu deixei de adquiri-la, apenas anotei aquela pequena despesa. Uma variação desse posicionamento contrário à poupança é o questionamento sobre a validade de se acumular dinheiro para o futuro, privando-se dos prazeres do dia-a-dia. Novamente, estranhamos essa forma de pensar, pois aquilo que desejamos fazer dentro da nossa rotina é concretizado. Temos uma casa grande de cerca de 300 m^2, dois filhos pequenos e somos, sinceramente, felizes. Claro que para as despesas maiores nos planejamos com antecedência. Mas o ponto aqui é outro: Como nos comportamos frente ao consumismo?

Além disso, nosso entendimento de felicidade passa por algo chamado simplicidade. Simplicidade de viver. Apesar de falarmos com mais detalhes sobre esse tópico no próximo capítulo, adianto que somos pouco influenciáveis por essa massificação da necessidade de ter e mostrar. Um exemplo: não precisamos de um celular que tire fotos, faça gravações (som e imagem), seja um PDA (um palm, por exemplo), tenha acesso à internet e que também faça ligações telefônicas. Nos contentamos apenas com a última atividade. Não precisamos trocar de carro a cada ano, independentemente se nossos vizinhos fazem isso ou não. Por quê? Justamente porque não faz sentido para nós.

Em um site sobre finanças pessoais, havia um artigo sobre o número mágico "R$1.000.000" e considerações sobre a segurança, ou não, que esse montante pode fornecer. Um dos leitores enviou um comentário dizendo que realmente o valor não era tão alto assim, pois não permitia a compra de um bom "helicóptero". Confesso, prezado leitor, que não é nosso sonho possuir um helicóptero ou uma BMW. Nossa intenção é acumular um patrimônio que nos possibilite a aposentadoria precoce aos 46 anos de idade. De quanto estamos falando? Temos um capítulo sobre planejamento financeiro e deixamos claro como chegamos ao valor pretendido para os próximos anos. Como já antecipado, não queremos trabalhar até os 65 anos de idade para ter direito a aposentadoria oficial, cujo valor, convenhamos, deixa muito a desejar. O teto atual é de R$2.849,28 e, provavelmente, será menor no futuro.

Nosso círculo de convívio social envolve outros profissionais assalariados e autônomos, e verificamos que a questão financeira é fracamente abordada. As pessoas reclamam da falta de dinheiro, deixam claro a preocupação em relação ao mesmo, mas dificilmente tomam para si as rédeas da sua vida financeira. E planejamento para um futuro mais tranqüilo é algo completamente esquecido.

Quando Regina sugeriu escrever um livro, acreditei ser esse o caminho para contribuir, direta ou indiretamente, para uma mudança na forma de postura do leitor em relação às finanças pessoais. Esperamos, sinceramente, que este livro possa, de alguma forma, despertar no leitor um interesse maior e a aplicação real de ações práticas para a conquista de um futuro mais tranqüilo em termos financeiros.

A seguir, fazemos uma breve descrição de nós em relação à formação pessoal e profissional para facilitar o processo de comparação do leitor. Adotaremos desde já esta sistemática: fornecer informações nossas que possibilitem ao leitor utilizá-las de forma a criar um modelo comparativo para ser utilizado no seu plano de ação. Por exemplo, nos últimos cinco anos nossos gastos anuais estiveram na faixa dos R$46.000. Com esse dado, o leitor pode verificar o seu gasto anual, compará-lo com o nosso e iniciar algumas indagações, tais como: Posso gastar menos? Como eles conseguiram, com dois filhos pequenos, esse patamar? Podemos inclusive estar gastando mais do que você, leitor, e assim, um pequeno incentivo já será fornecido com essa sua percepção.

1.1. Apresentação do casal

Regina e eu somos provenientes de famílias de classe média (média mesmo, ou até média baixa). Ela, do interior de São Paulo, descendente de japoneses, trabalhadores, mas com pouco foco e/ou conhecimento em poupar. Eu, da capital de São Paulo, carrego descendência ítalo-portuguesa. Minha mãe era "do lar", e meu pai, assalariado com alta rotatividade de empregos. Houve momentos cujos ganhos do meu pai eram elevados, mas também freqüentes períodos de desemprego. Assim como na família da Regina, meus pais também não praticavam a poupança.

Conhecemo-nos na faculdade (1989), namoramos e nos formamos (Regina se formou em engenharia civil, e eu, em engenharia mecânica, ambos pela Unesp [Ilha Solteira, SP]). Moramos em cidades diferentes (ela em Florianópolis e eu em Blumenau) por cerca de quatro anos. Nos casamos em 1998 e, novamente, vivemos separados por mais dois anos. Finalmente, moramos juntos em Curitiba desde 2000. Desde "nos conhecermos na faculdade" até "moramos juntos em Curitiba" se passaram onze anos.

Nossa evolução profissional pode ser considerada comum ou até mesmo abaixo da média: após quase quinze anos de formados, Regina tem um cargo de técnica consultora na área de Qualidade, e eu, de gerente na área de Logística.

A Tabela 1.1 contém nossos ganhos anuais e a média mensal dos últimos cinco anos, conforme os comprovantes de rendimentos pagos emitidos pelas empresas nas quais trabalhamos. O 13º salário está incluso e apenas o IR está descontado.

Em alguns capítulos adiante, apresentamos as nossas despesas anuais detalhadas e os valores investidos.

TABELA 1.1 **RENDIMENTOS ANUAIS E MÉDIA MENSAL DO CASAL**

	Regina	Marco	Total Anual	Média Mensal
ANO PASSADO	R$ 49.491,44	R$ 121.897,80	R$ 171.389,24	R$ 13.183,79
ANO ANTERIOR	R$ 56.725,09	R$ 115.992,43	R$ 172.717,52	R$ 13.285,96
ANO ANTERIOR	R$ 47.827,51	R$ 99.627,58	R$ 147.455,09	R$ 11.342,70
ANO ANTERIOR	R$ 43.357,66	R$ 73.303,18	R$ 116.660,84	R$ 8.973,91
ANO ANTERIOR	R$ 33.936,53	R$ 56.349,11	R$ 90.285,64	R$ 6.945,05

Já comentamos sobre o objetivo deste livro, falamos um pouco sobre nós e apresentamos nossos ganhos (provenientes de salário). Para finalizar esta parte, apresentamos o resultado da nossa satisfação, ou seja, nosso "suado" patrimônio (Tabela 1.2). Nossas opções de investimentos são discutidas em um capítulo específico.

TABELA 1.2 **PATRIMÔNIO DO CASAL**

O QUE	VALOR
Ações	R$ 383.958,00
TESOURO DIRETO	R$ 153.514,00
PGBL - Banco 2	R$ 70.186,82
PGBL - Banco 1	R$ 60.019,87
FGTS	R$ 24.100,00
Debêntures	R$ 10.845,40
Subtotal 1	**R$ 702.624,09**
Casa - valor de mercado	R$ 360.000,00
Carro - Bonitona	R$ 14.000,00
Patrimônio - TOTAL	**R$ 1.076.624,09**

1.2. Como dividimos este livro

Procuramos, neste capítulo, destacar para o leitor o nosso objetivo com este livro e também apresentar alguns dados e características nossas.

No Capítulo 2 falamos sobre como nos posicionamos em relação ao trabalho e ao dinheiro. Sinceramente, acreditamos que o passo inicial para a caminhada rumo à independência financeira começa com uma auto-avaliação sobre questões relacionadas ao dinheiro e com a determinação pessoal de se alcançar o valor almejado. Esse é apenas o início, mas muito importante para o sucesso. Não é à toa que temos tão poucos milionários ou, melhor dizendo, pessoas com uma reserva financeira capaz de cobrir suas despesas durante um longo horizonte de planejamento.

A partir do momento que decidimos poupar hoje para usufruir amanhã, podemos iniciar as atividades práticas para viabilizar o plano de conquista da independência financeira. Uma dessas práticas é a preparação do orçamento familiar/pessoal. Mais do que um registro, ele funciona como ferramenta para o conhecimento dos gastos praticados, o monitoramento destes e a base para o plano de independência financeira.

No Capítulo 3, apresentamos nossa evolução na utilização do orçamento e também dividimos com o leitor nossos gastos e ganhos em detalhes.

No Capítulo 4, destacamos as duas melhores idéias que extraímos das nossas leituras e que possibilitaram a elaboração do nosso plano que, também, é apresentado em detalhes. Através do plano e de outras ações, conseguimos um bom patrimônio entre cinco e seis anos.

Nossa evolução cronológica em investimentos, as modalidades e as idéias para o acompanhamento e para a evolução dos valores são apresentadas no Capítulo 5. Comentamos, também, um pouco sobre nossas investidas no mercado de ações, mas deixamos para fornecer mais detalhes dessas investidas em renda variável no Capítulo 6. Ele representa o nosso sentimento frente a essa arrojada modalidade de aplicação.

Já no Capítulo 7, apresentamos a descrição de como ocorreu a compra da nossa casa. Como diria minha mãe, o sonho estava realizado. O capítulo trata da decisão pela compra, passando pela negociação com detalhes contratuais e, finalmente, por algumas considerações sobre essa modalidade de investimento. Destacamos o furto sofrido já no primeiro mês morando na residência.

No Capítulo 8, "A força do casal", pretendemos evidenciar o que acreditamos ser o nosso segredo nessa caminhada para a independência financeira.

Como nem tudo são flores, e acreditando ser necessário "humanizar" a nossa história para os menos convencidos da possibilidade de se ter um bom dinheiro com o ato de poupar, mostramos os tropeços cometidos pelo caminho no Capítulo 9.

Iniciamos nossa auto-avaliação no Capítulo 10, expressando o sentimento que temos em relação à parte da meta já alcançada e ao processo vivenciado. Apresentamos também uma relação de acertos e erros que cometemos.

Discutimos um pouco o impacto de ter alcançado o primeiro milhão de reais e elaboramos alguns planos para conseguir completar o restante do nosso objetivo no Capítulo 11. Esse capítulo contém um exercício prático para a determinação de quanto poupar mensalmente para se atingir o valor esperado. Procuramos utilizar informações como: tipos de investimentos, rentabilidades e prazos de forma simples e didática.

Finalizamos nossa história no Capítulo 12 apresentando algumas considerações, dicas e o sincero desejo de que cada um obtenha sucesso em suas finanças pessoais e alcance, o quanto antes, a independência financeira.

CAPÍTULO 2

O significado do trabalho e do dinheiro para nós

Iniciamos este capítulo com um texto de Machado de Assis. Além de ser de um grande escritor da nossa literatura, o texto servirá de estímulo para o leitor conhecer e compreender o significado do dinheiro para nós.

O EMPRÉSTIMO

MACHADO DE ASSIS

Vou divulgar uma anedota, mas uma anedota no genuíno sentido do vocábulo, que o vulgo ampliou às historietas de pura invenção. Esta é verdadeira; podia citar algumas pessoas que a sabem tão bem como eu. Nem ela andou recôndita, senão por falta de um espírito repousado, que lhe achasse a filosofia. Como deveis saber, há em todas as coisas um sentido filosófico. Carlyle descobriu o dos coletes, ou, mais propriamente, o do vestuário; e ninguém ignora que os números, muito antes da loteria do Ipiranga, formavam o sistema de Pitágoras. Pela minha parte creio ter decifrado este caso de empréstimo; ides ver se me engano.

E, para começar, emendemos Sêneca. Cada dia, ao parecer daquele moralista, é, em si mesmo, uma vida singular; por outros termos, uma vida dentro da vida. Não digo que não; mas por que não acrescentou ele que muitas vezes uma só hora é a representação de uma vida inteira? Vede este rapaz: entra no mundo com uma grande ambição, uma pasta de ministro, um Banco, uma coroa de visconde, um báculo pastoral. Aos cinqüenta anos, vamos achá-lo simples apontador de alfândega, ou sacristão da roça. Tudo isso que se passou em trinta anos, pode algum Balzac metê-lo em trezentas páginas; por que não há de a vida, que foi a mestra de Balzac, apertá-lo em trinta ou sessenta minutos?

Tinham batido quatro horas no cartório do tabelião Vaz Nunes, à rua do Rosário.

Os escreventes deram ainda as últimas penadas: depois limparam as penas de ganso na ponta de seda preta que pendia da gaveta ao lado; fecharam as gavetas, concertaram os papéis, arrumaram os livros, lavaram as mãos; alguns que mudavam de paletó à entrada, despiram o do trabalho e enfiaram o da rua; todos saíram. Vaz Nunes ficou só.

Este honesto tabelião era um dos homens mais perspicazes do século. Está morto: podemos elogiá-lo à vontade. Tinha um olhar de lanceta, cortante e agudo. Ele adivinhava o caráter das pessoas que o buscavam para escriturar os seus acordos e resoluções; conhecia a alma de um testador muito antes de acabar o testamento; farejava as manhas secretas e os pensamentos reservados. Usava óculos, como todos os tabeliães de teatro; mas, não sendo míope, olhava por cima deles, quando queria ver, e através deles, se pretendia não ser visto. Finório como ele só, diziam os escreventes. Em todo o caso, circunspecto. Tinha cinqüenta anos, era viúvo, sem filhos, e, para falar como alguns outros serventuários, roía muito caladinho os seus duzentos contos de réis.

– Quem é? perguntou ele de repente olhando para a porta da rua.

Estava à porta, parado na soleira, um homem que ele não conheceu logo, e mal pôde reconhecer daí a pouco. Vaz Nunes pediu-lhe o favor de entrar; ele obedeceu, cumprimentou-o, estendeu-lhe a mão, e sentou-se na cadeira ao pé da mesa. Não trazia o acanho natural a um pedinte; ao contrário, parecia que não vinha ali senão para dar ao tabelião alguma coisa preciosíssima e rara. E, não obstante, Vaz Nunes estremeceu e esperou.

– Não se lembra de mim?

– Não me lembro...

– Estivemos juntos uma noite, há alguns meses, na Tijuca... Não se lembra? Em casa do Teodorico, aquela grande ceia de Natal; por sinal que lhe fiz uma saúde... Veja se se lembra do Custódio.

– Ah!

Custódio endireitou o busto, que até então inclinara um pouco. Era um homem de quarenta anos. Vestia pobremente, mas escovado, apertado, correto. Usava unhas longas, curadas com esmero, e tinha as mãos muito bem talhadas, macias, ao contrário da pele do rosto, que era agreste. Notícias mínimas, e aliás necessárias ao complemento de um certo ar duplo que distinguia este homem, um ar de pedinte e general. Na rua, andando, sem almoço e sem vintém, parecia levar após si um exército. A causa não era outra mais do que o contraste entre a natureza e a situação, entre a alma e a vida. ***Esse Custódio nascera com a vocação da riqueza, sem a vocação do trabalho. Tinha o instinto das elegâncias, o amor do supérfluo, da boa chira, das belas damas, dos tapetes finos, dos móveis raros, um voluptuoso, e, até certo ponto, um artista, capaz de reger a vila Torloni ou a galeria Hamilton. Mas não tinha dinheiro; nem dinheiro, nem aptidão ou pachorra de o ganhar; por outro lado, precisava viver.*** *Il faut bien que je vive, dizia um pretendente ao ministro Talleyrand. Je n'en vois pas la nécessité, redargüiu friamente o ministro. Ninguém dava essa resposta ao Custódio; davam-lhe dinheiro, um dez, outro cinco, outro vinte mil-réis, e de tais espórtulas é que ele principalmente tirava o albergue e a comida.*

Digo que principalmente vivia delas, porque ***o Custódio não recusava meter-se em alguns negócios, com a condição de os escolher, e escolhia sempre os que não prestavam para nada. Tinha o faro das catástrofes.*** *Entre vinte empresas, adivinhava logo a insensata, e metia ombros a ela, com resolução. O caiporismo, que o perseguia, fazia com que as dezenove prosperassem, e a vigésima lhe estourasse nas mãos. Não importa; aparelhava-se para outra.*

Agora, por exemplo, leu um anúncio de alguém que pedia um sócio, com cinco contos de réis, para entrar em certo negócio, que prometia dar, nos primeiros seis meses, oitenta a cem contos de lucro. Custódio foi ter com o anunciante. Era uma grande idéia, uma fábrica de agulhas, indústria nova, de imenso futuro. E os planos, os desenhos da fábrica, os relatórios de Birmingham, os mapas de importação, as respostas dos alfaiates, dos donos de armarinho, etc., todos os documentos de um longo inquérito passavam diante dos olhos de Custódio, estrelados de algarismos, que ele não entendia, e que por isso mesmo lhe pareciam dogmáticos. Vinte e quatro horas; não pedia mais de vinte e quatro horas para trazer os cinco contos. E saiu dali, cortejado, animado pelo anunciante, que, ainda à porta, o afogou numa torrente de saldos. Mas os cinco contos, menos dóceis ou menos vagabundos que os cinco mil-réis, sacudiam incredulamente a cabeça, e deixavam-se estar nas arcas, tolhidos de medo e de sono. Nada. Oito ou dez amigos, a quem falou, disseram-lhe que nem dispunham agora da soma pedida, nem acreditavam na fábrica. Tinha perdido as esperanças, quando aconteceu subir a rua do Rosário e ler no portal de um cartório o nome de Vaz Nunes. Estremeceu de alegria; recordou a Tijuca, as maneiras do tabelião, as frases com que ele lhe respondeu ao brinde, e disse consigo que este era o salvador da situação.

– Venho pedir-lhe uma escritura...

Vaz Nunes, armado para outro começo, não respondeu: espiou para cima dos óculos e esperou.

– Uma escritura de gratidão, explicou o Custódio; venho pedir-lhe um grande favor, um favor indispensável, e conto que o meu amigo...

– Se estiver nas minhas mãos...

– O negócio é excelente, note-se bem; um negócio magnífico. Nem eu me metia a incomodar os outros sem certeza do resultado. A coisa está pronta; foram já encomendas para a Inglaterra; e é provável que dentro de dois meses esteja tudo montado, é uma indústria nova. Somos três sócios, a minha parte são cinco contos. Venho pedir-lhe esta quantia, a seis meses, – ou a três, com juro módico...

Cinco contos?

– Sim, senhor.

– Mas, Sr. Custódio, não disponho de tão grande quantia. Os negócios andam mal; e ainda que andassem muito bem, não poderia dispor de tanto. Quem é que pode esperar cinco contos de um modesto tabelião de notas?

– Ora, se o senhor quisesse...

– Quero, decerto; digo-lhe que se se tratasse de uma quantia pequena, acomodada aos meus recursos, não teria dúvida em adiantá-la. Mas cinco contos! Creia que é impossível.

A alma do Custódio caiu de bruços. Subira pela escada de Jacó até o céu; mas em vez de descer como os anjos no sonho bíblico, rolou abaixo e caiu de bruços. Era a última esperança; e justamente por ter sido inesperada, é que ele supôs que fosse certa, pois, como todos os cora-

ções que se entregam ao regime do eventual, o do Custódio era supersticioso. O pobre-diabo sentiu enterrarem-se-lhe no corpo os milhões de agulhas que a fábrica teria de produzir no primeiro semestre. Calado, com os olhos no chão, esperou que o tabelião continuasse, que se compadecesse, que lhe desse alguma aberta; mas o tabelião, que lia isso mesmo na alma do Custódio, estava também calado, girando entre os dedos a boceta de rapé, respirando grosso, com um certo chiado nasal e implicante. Custódio ensaiou todas as atitudes; ora pedinte, ora general. O tabelião não se mexia. Custódio ergueu-se.

– Bem, disse ele, com uma pontazinha de despeito, há de perdoar o incômodo...

– Não há que perdoar; eu é que lhe peço desculpa de não poder servi-lo, como desejava. Repito: se fosse alguma quantia menos avultada, não teria dúvida; mas...

Estendeu a mão ao Custódio, que com a esquerda pegara maquinalmente no chapéu. O olhar empanado do Custódio exprimia a absorção da alma dele, apenas convalescida da queda que lhe tirara as últimas energias. Nenhuma escada misteriosa, nenhum céu; tudo voara a um piparote do tabelião. Adeus, agulhas! A realidade veio tomá-lo outra vez com as suas unhas de bronze. Tinha de voltar ao precário, ao adventício, às velhas contas, com os grandes zeros arregalados e os cifrões retorcidos à laia de orelhas, que continuariam a fitá-lo e a ouvi-lo, a ouvi-lo e a fitá-lo, alongando para ele os algarismos implacáveis de fome. Que queda! e que abismo! Desenganado, olhou para o tabelião com um gesto de despedida; mas, uma idéia súbita clareou-lhe a noite do cérebro. Se a quantia fosse menor, Vaz Nunes poderia servi-lo, e com prazer; por que não seria uma quantia menor? Já agora abria mão da empresa; mas não podia fazer o mesmo a uns aluguéis atrasados, a dois ou três credores, etc., e uma soma razoável, quinhentos mil-réis, por exemplo, uma vez que o tabelião tinha a boa vontade de emprestar-lhos, vinham a ponto. A alma do Custódio empertigou-se; vivia do presente, nada queria saber do passado, nem saudades, nem temores, nem remorsos. O presente era tudo. O presente eram os quinhentos mil-réis, que ele ia ver surdir da algibeira do tabelião, como um alvará de liberdade.

– Pois bem, disse ele, veja o que me pode dar, e eu irei ter com outros amigos... Quanto?

– Não posso dizer nada a este respeito, porque realmente só uma coisa muito modesta.

– Quinhentos mil-réis?

– Não; não posso.

– Nem quinhentos mil-réis?

– Nem isso, replicou firme o tabelião. De que se admira? Não lhe nego que tenho algumas propriedades; mas, meu amigo, não ando com elas no bolso; e tenho certas obrigações particulares... Diga-me, não está empregado?

– Não, senhor.

– Olhe; dou-lhe coisa melhor do que quinhentos mil-réis; falarei ao ministro da justiça, tenho relações com ele, e...

Custódio interrompeu-o, batendo uma palmada no joelho. Se foi um movimento natural, ou uma diversão astuciosa para não conversar do emprego, é o que totalmente ignoro; nem parece que seja essencial ao caso. O essencial é que ele teimou na súplica. Não podia dar quinhentos mil-réis? Aceitava duzentos; bastavam-lhe duzentos, não para a empresa, pois adotava o conselho dos amigos: ia recusá-la. Os duzentos mil-réis, visto que o tabelião estava disposto a ajudá-lo, eram para uma necessidade urgente, – "tapar um buraco". E então relatou tudo, respondeu à franqueza com franqueza: era a regra da sua vida. Confessou que, ao tratar da grande empresa, tivera em mente acudir também a um credor pertinaz, um diabo, um judeu, que rigorosamente ainda lhe devia, mas tivera a aleivosia de trocar de posição. Eram duzentos e poucos mil-réis; e dez, parece; mas aceitava duzentos...

– Realmente, custa-me repetir-lhe o que disse; mas, enfim, nem os duzentos mil-réis posso dar. Cem mesmo, se o senhor os pedisse, estão acima das minhas forças nesta ocasião. Noutra pode ser, e não tenho dúvida, mas agora...

– Não imagina os apuros em que estou!

– Nem cem, repito. Tenho tido muitas dificuldades nestes últimos tempos. Sociedades, subscrições, maçonaria... Custa-lhe crer, não é? Naturalmente: um proprietário. Mas, meu amigo, é muito bom ter ca-

sas: o senhor é que não conta os estragos, os consertos, as penas-d'água, as décimas, o seguro, os calotes, etc. São os buracos do pote, por onde vai a maior parte da água...

– Tivesse eu um pote! suspirou Custódio.

– Não digo que não. O que digo é que não basta ter casas para não ter cuidados, despesas, e até credores... Creia o senhor que também eu tenho credores.

– Nem cem mil-réis!

– Nem cem mil-réis, pesa-me dizê-lo, mas é verdade. Nem cem mil-réis. Que horas são?

Levantou-se, e veio ao meio da sala. Custódio veio também, arrastado, desesperado. Não podia acabar de crer que o tabelião não tivesse ao menos cem mil-réis. Quem é que não tem cem mil-réis consigo? Cogitou uma cena patética, mas o cartório abria para a rua; seria ridículo. Olhou para fora. Na loja fronteira, um sujeito apreçava uma sobrecasaca, à porta, porque entardecia depressa, e o interior era escuro. O caixeiro segurava a obra no ar; o freguês examinava o pano com a vista e com os dedos, depois as costuras, o forro... Este incidente rasgou-lhe um horizonte novo, embora modesto; era tempo de aposentar o paletó que trazia. Mas nem cinqüenta mil-réis podia dar-lhe o tabelião. Custódio sorriu; – não de desdém, não de raiva, mas de amargura e dúvida; era impossível que ele não tivesse cinqüenta mil-réis. Vinte, ao menos? Nem vinte. Nem vinte! Não; falso tudo, tudo mentira.

Custódio tirou o lenço, alisou o chapéu devagarinho; depois guardou o lenço, concertou a gravata, com um ar misto de esperança e despeito. Viera cerceando as asas à ambição, pluma a pluma; restava ainda uma penugem curta e fina, que lhe metia umas veleidades de voar. Mas o outro, nada. Vaz Nunes cotejava o relógio da parede com o do bolso, chegava este ao ouvido, limpava o mostrador, calado, transpirando por todos os poros impaciência e fastio. Estavam a pingar as cinco, enfim, e o tabelião, que as esperava, desengatilhou a despedida. Era tarde; morava longe. Dizendo isto, despiu o paletó de alpaca, e vestiu o de casimira, mudou de um para outro a boceta de rapé, o lenço, a carteira... Oh! a carteira! Custódio viu esse utensílio problemático, apalpou-o com os olhos; invejou a alpaca, invejou a casimira, quis ser algibeira, quis ser o couro, a matéria mesma do precioso receptácu-

lo. Lá vai ela; mergulhou de todo no bolso do peito esquerdo; o tabelião abotoou-se. Nem vinte mil-réis! Era impossível que não levasse ali vinte mil-réis, pensava ele; não diria duzentos, mas vinte, dez que fossem...

– Pronto! disse-lhe Vaz Nunes, com o chapéu na cabeça.

– Quer ver?

E o tabelião desabotoou o paletó, tirou a carteira, abriu-a, e mostrou-lhe duas notas de cinco mil-réis.

– Não tenho mais, disse ele; o que posso fazer é reparti-los com o senhor; dou-lhe uma de cinco, e fico com a outra; serve-lhe?

Custódio aceitou os cinco mil-réis, não triste, ou de má cara, mas risonho, palpitante, como se viesse de conquistar a Ásia Menor. Era o jantar certo. Estendeu a mão ao outro, agradeceu-lhe o obséquio, despediu-se até breve, – um até breve cheio de afirmações implícitas. Depois saiu; o pedinte esvaiu-se à porta do cartório; o general é que foi por ali abaixo, pisando rijo, encarando fraternalmente os ingleses do comércio que subiam a rua para se transportarem aos arrabaldes. Nunca o céu lhe pareceu tão azul, nem a tarde tão límpida; todos os homens traziam na retina a alma da hospitalidade. ***Com a mão esquerda no bolso das calças, ele apertava amorosamente os cinco mil-réis, resíduo de uma grande ambição, que ainda há pouco saíra contra o sol, num ímpeto de águia, e ora habita modestamente as asas de frango rasteiro.***

Extraído de *Contos: uma antologia* (São Paulo: Cia. das Letras, 1998. Introdução e notas de John Gledson).

2.1. Aposentadoria aos 65 anos. Não para nós!

Apesar de longo e de um vocabulário muito além de uma fácil compreensão (fruto de um processo de empobrecimento da nossa cultura), podemos dizer, a partir do texto apresentado, que temos pouco da personalidade de Custódio. E perceba, leitor, que é muito fácil verificar o comportamento de Custódio nas posturas diárias em relação ao dinheiro. Já tivemos momentos de Custódio e creio que, de certa forma, fui salvo pela Regina, pois ela carrega consigo características marcantes e positivas para o **poupar**.

Mas antes de falar sobre essas características, quero comentar um pouco sobre como vemos a questão do **trabalhar**. Talvez isso pareça muito similar, em um primeiro momento, ao "jeito Custódio" de ser. Mas não é. E leitor, não se assuste, caso perceba uma postura bastante extremista da nossa parte. O trabalho era a nossa única fonte de dinheiro e essa verdade fez parte da nossa vida durante anos. Até que, num processo natural de amadurecimento em relação às finanças pessoais, acumulando dinheiro e buscando conhecimento, tivemos o prazer de ler *Pai rico, pai pobre*, de Robert Kiyosaki e Sharon Lechter (Campus/Elsevier). Percebemos que, apesar da grande importância do trabalho como nossa fonte principal de remuneração, deveríamos criar outras formas para alcançar a nossa liberdade, fugindo da "Corrida dos Ratos". Corrida que termina aos 65 anos (talvez....), com a tão esperada (?) aposentadoria.

Os autores de *Pai rico, pai pobre* definem a "Corrida dos Ratos" da seguinte maneira:

Se você observar a vida das pessoas de instrução média, trabalhadoras, verá uma trajetória semelhante. A criança nasce e vai para a escola. Os pais se orgulham porque o filho se destaca, tira notas boas ou altas e consegue entrar na universidade. O filho se forma, talvez faça uma pós-graduação, e então faz exatamente o que estava determinado: procura um emprego ou segue uma carreira segura e tranqüila. Encontra esse emprego, quem sabe de médico ou de advogado, ou entra para as Forças Armadas ou para o Serviço Público. Geralmente, o filho começa a ganhar dinheiro, chega um monte de cartões de crédito e começam as compras, se é que já não tinham começado.

Com dinheiro para torrar, o filho vai aos mesmos lugares aonde vão os jovens, conhece alguém, namora e, às vezes, casa. A vida é então maravilhosa porque atualmente marido e mulher trabalham. Dois salários são uma bênção. Eles se sentem bem-sucedidos, seu futuro é brilhante, e eles decidem comprar uma casa, um carro, uma televisão, tirar férias e ter filhos. O desejo se concretiza. A necessidade de dinheiro é imensa. O feliz casal concluiu que suas carreiras são da maior importância e começa a trabalhar cada vez mais para conseguir promo-

ções e aumentos. A renda aumenta e vem outro filho... e a necessidade de uma casa maior. Eles trabalham ainda mais arduamente, tornam-se funcionários melhores. Voltam a estudar para obter especialização e ganhar mais dinheiro. Talvez arrumem mais um emprego. Suas rendas crescem, mas a alíquota do imposto de renda, o imposto predial da casa maior, as contribuições para a Seguridade Social e outros impostos também crescem. Eles olham para aquele contracheque alto e se perguntam para onde todo aquele dinheiro vai. Aplicam em alguns fundos mútuos e pagam as contas do supermercado com cartão de crédito. As crianças já têm cinco ou seis anos e é necessário poupar não só para os aumentos das mensalidades escolares, mas também para a velhice.

O feliz casal, nascido há 35 anos, está agora preso na armadilha da Corrida dos Ratos pelo resto de seus dias. Eles trabalham para os donos da empresa, para o governo, quando pagam os impostos, e para o banco, quando pagam cartões de crédito e hipoteca.

Então eles aconselham seus filhos a estudar com afinco, obter boas notas e conseguir um emprego ou carreira seguros. Eles não aprendem nada com dinheiro, a não ser com aqueles que se aproveitam da ingenuidade deles e trabalham arduamente a vida inteira. O processo se repete com a geração seguinte de trabalhadores. Essa é a Corrida dos Ratos.

Quando li isso pela primeira vez, tive a impressão de sentir um soco direto no nariz, além de me sentir vigiado e manipulado como um fantoche. Doeu bastante, mas despertou em nós um sentimento de reação, de encarar o desafio de tentar fugir desse padrão, encontrando uma saída. Não estou falando de ser premiado por qualquer tipo de loteria (tentamos isso também, mas o máximo que ganhamos foi R$158 em um bingo, e já faz tempo!). A idéia é jogar o jogo ou participar da Corrida por um tempo determinado e, quando alcançar um resultado esperado, sair dele. Acredite que isso é possível, inclusive para nós, filhos da classe média. Regina e eu somos um exemplo disso. Conseguimos, com muito trabalho, muita disciplina, atenção e um pouco de sorte ou ajuda divina (quem sabe?!), acumular o nosso primeiro milhão. Estamos quase livres da obrigação de trabalhar, quase, pois nossa meta original é acumular dois milhões! Liberdade, esse é o sentimento! Não ter de depender de um trabalho para pagar nossas contas. Claro que já que você precisa trabalhar, faça isso com dedicação, qualidade e, continuamente, de forma aprimorada. A melhor maneira de manter ou aumentar os seus ganhos provenientes do trabalho assalariado é cuidando muito bem do dinheiro dos donos do negócio. Mas todo esse discurso "anarquista" refere-se apenas a nossa visão contrária à idéia de se trabalhar até os 65 anos de idade. E esse já foi um grande agente motivador para a nossa poupança. Desde o início das nossas conversas sobre o futuro, a necessidade de criar uma reserva financeira o quanto antes esteve presente.

2.2. Não ao consumismo

No final de 1997, fomos contemplados em um consórcio de automóvel que iniciamos em setembro de 1996 e compramos nosso primeiro carro 0km: um Corsa GL 1.6 modelo 98 (ver figura 2.1). O carro recebeu um apelido carinhoso, Bonitona, e, desde então, ele ou ela tem nos acompanhado, ou melhor, nos transportado.

Em diversas situações já ouvimos: "Nossa, vocês ainda estão com esse carro?!" E, em seguida, para minimizar as entrelinhas do comentário anterior: "Ele está quase novo." Inclusive funcionários meus, após anos sem verem o carro, já se surpreenderam por continuarmos com ele.

Compramos o carro, pois tínhamos a necessidade de cobrir longas distâncias a cada semana, já que Regina e eu morávamos em cidades diferentes (ela em Florianópolis/SC e eu em Blumenau/SC). Eu já estava com um carro usado e comprado oito meses antes da Bonitona, em maio de 1997, com o dinheiro que a princípio usaríamos no primeiro lance do consórcio adquirido. Como não deu certo (os outros participantes tinham quantias superiores), decidimos comprar o Tigrão, cuja história é descrita no Capítulo 9. Procuramos a melhor opção entre custo e benefício, e nosso fator determinante para a escolha foi o consumo de combustível do veículo. A Bo-

FIGURA 2.1 **A BONITONA ZERADA E NÓS DEZ ANOS MAIS NOVOS**

nitona continua desempenhando bem o seu papel básico: o de nos transportar a baixo custo. Então, por que deveríamos vendê-la? O valor de mercado dela está por volta dos R$14.000. Qual é o carro 0km que podemos comprar por esse valor? Além disso, a depreciação do bem móvel (carro) é, em média, de 15% a 18%, no primeiro ano. Em outras palavras, não é uma boa alternativa econômica.

Utilizamos o exemplo do automóvel para ilustrar nosso modo de pensar e agir em relação às nossas aquisições. Pensamos sobre o conjunto: real necessidade e momento para compra, características técnicas do bem (somos engenheiros...), relação custo × benefício, e fazemos também uma boa pesquisa de mercado. Quase sempre compramos à vista com desconto (após pechinchar um pouquinho). Encontrei uma boa explicação para consumo e consumismo no site Financenter.com.br (www.financenter.com.br):

Consumo é comprar um carro novo pelo prazer de dirigi-lo, e para substituir o antigo que já estava ficando velhinho. Consumismo é comprar um carro só porque saiu o modelo novo e o "antipático" do seu vizinho já tem um estacionado na garagem. Consumo é quando você compra uma trufa de chocolate porque bateu aquela vontadezinha; consumismo é quando você "detona" uma caixa inteira de bombons porque brigou com o namorado e ficou deprimida".

Retirado do artigo "Consumo × consumismo", de autoria do Professor Marcos Silvestre.

Outro artigo interessante que completa o anterior pode ser encontrado no endereço http://www.portaldafamilia.org/artigos/artigo580.shtml, de autoria de Marcelo Guterman, do qual destaco o seguinte trecho:

Vejamos alguns sinais inequívocos de que o vírus do consumismo está instalado no seu organismo:

- ☐ *Você não consegue sair de um shopping center sem pelo menos uma sacolinha na mão.*
- ☐ *Qualquer objeto comprado há mais de um ano, desde um relógio até um automóvel, lhe parece insuportavelmente velho e ultrapassado, precisando urgentemente ser trocado.*
- ☐ *Você estoura o seu limite do cartão de crédito com freqüência.*
- ☐ *Você se sente rebaixado, humilhado, arrasado quando alguém próximo (cunhado, vizinho etc.) aparece com um objeto mais moderno, mais atual, mais caro...*
- ☐ *Os objetos de marca exercem um fascínio irresistível sobre você.*
- ☐ *Ir às compras é o seu hobby predileto.*

Regina e eu somos imunes ao vírus do consumismo. Ele até tenta (em breve precisaremos de mais um automóvel para atender a nossa rotina, e o *Honda Fit* tem chamado muito a atenção da minha esposa), mas nosso processo de avaliação sobre a real necessidade do item, além do momento para adquiri-lo, serve como uma vacina de reforço contra compras indevidas.

A casa que compramos possui cerca de 300m^2. Nossos amigos se espantaram com o tamanho dela e com a boa distribuição de espaço. Mas só a compramos porque o preço por metro quadrado estava abaixo da média do mercado praticado na época. O valor total pago foi acima dos nossos planos, mas quando analisamos o valor por m^2, acreditamos que era (e foi!) um bom negócio. Em nenhum momento pensamos, de forma consciente, em comprá-la para mostrar para os amigos ou para satisfazer um desejo incontrolável ou, ainda, pela incapacidade de dizer não para algo acima das nossas possibilidades.

O mesmo comportamento é aplicado para os itens de menor valor, mas, aí, confessamos que somos mais "consumistas". Com certeza temos mais sapatos, mais camisas, mais calças do que, realmente, precisamos. Mas nada em exagero ou que coloque nossas finanças em perigo, ou pior, que impossibilite nossa meta de poupança anual. Procuramos estar atentos a exageros. Nosso primeiro filho tem uma paixão alucinada por carrinhos, tipo *Hot Wheels*. Sinceramente, não sei a quem ele puxou, pois sou um zero à esquerda em relação a automóveis. O garoto já tem cerca de 40 carrinhos. E nós, pais, temos colaborado com esse exagero. Pois bem, acionamos o freio para essas pequenas compras. Quando eu era garoto fazia "tanques de guerra lançadores de fogo" com uma caixinha de fósforo e cinco tampinhas (metálicas, lembra?) de refrigerante. Aliás, fiz um para meu filho e ele adorou. Mas não dá para competir com os *Hot Wheels*!

2.3. Sim à simplicidade

Naturalmente, nossas vidas foram guiadas para prazeres simples como uma caminhada à beira-mar, um cinema no fim de semana, um passeio no parque. Em alguns momentos nos sentimos desconectados do mundo tão preocupado em comprar coisas novas, conhecer lugares paradisíacos, restaurantes do momento, em discutir o último *best seller* lançado e por aí a fora. E já percebemos que, à medida que nossas finanças aumentam, nosso interesse pelo "ganhar dinheiro" diminui. Felicidade para nós é algo tão simples que se encaixa naquele tipo de pergunta cuja resposta é, aparentemente, óbvia, mas somos incapazes de verbalizá-la. Ter um ao outro, ter saúde, bons e verdadeiros amigos, nosso primeiro filho, agora o segundo (e quem sabe um terceiro) formam o escopo principal da nossa definição de felicidade.

Temos notado com satisfação um crescente movimento em busca da simplicidade. De acordo com Serge Mongeau, autor de *La simplicité volontaire: plus que jamais* (A simplicidade voluntária: mais que nunca, Quebec-Canada): ***Viver simplesmente significa se aproximar de um modo de vida mais fiel à nossa própria vontade e menos ditado por padrões propostos pela sociedade de consumo****. Isto significa se apropriar dos diferentes aspectos da nossa vida, escolhendo conscientemente priorizar os que nos fazem mais feliz. O autor sugere que, por vários fatores, como a onipresença da publicidade no nosso quotidiano, nossa visão da felicidade vai se distorcendo e as nossas vidas tornam-se mais pesadas enquanto acumulamos novas "necessidades" para satisfazer. Quanto mais complicada fica a vida, mais é dificultado o alcance da felicidade. Para reverter este processo, cabe então se libertar dos elementos que ocultam as nossas prioridades e, assim, simplificar a nossa existência para ver mais claramente o nosso caminho.*

Essa passagem foi retirada do site www.lateresto.org/pt/simplicidadeoca. Não lemos o livro e não conhecemos o autor. Por outro lado, a relação feita entre felicidade e simplicidade se encaixa perfeitamente na forma como encaramos esses dois assuntos. Que bom que outras pessoas compartilham do mesmo sentimento.

Adoramos as inovações tecnológicas e não somos defensores de um retorno ao tempo da vovó. Apenas percebemos que existem coisas mais importantes para nós. Fizemos a nossa escolha e constatamos que existe espaço para essa forma de ser e agir dentro da nossa sociedade de consumo. É claro que existem as *faixas de Gaza*. Quando vamos ao templo do consumo (shopping center) e, pior, quando esse é o direcionado para a classe alta, aí sim, parece que as portas do inferno (um pouco de exagero dramático!) abrem-se. Mas isso é viver em sociedade.

2.4. Primeiro nós, depois as contas

O período logo após a nossa formatura foi bastante importante para o nosso desenvolvimento em relação à gestão do dinheiro. Regina se formou um ano antes que eu, iniciou sua carreira em SP, não gostou, e decidiu fazer um mestrado em Florianópolis. Após a minha formatura, eu não desejava voltar para casa e iniciar minha carreira para ganhar o piso salarial da categoria na época: cerca de R$700 (será que era a síndrome de Custódio?). Como Regina estava fazendo mestrado, decidi fazer o mesmo, e lá fui eu também para Floripa.

Nossas bolsas de estudo atrasaram por seis meses e Regina e eu nos viramos: ela vendia produtos da Natura e eu ministrava aulas de Matemática para a 5ª série de uma escola pública, além de aulas particulares de Matemática e Física. Almoçávamos no restaurante universitário, criamos um trauma em relação àqueles hoje intitulados *steaks* de frango. Tínhamos aluguéis, contas de luz, supermercado, entre outros para pagar, mas Regina estabeleceu que deveríamos guardar R$300 ou R$400 dos nossos ganhos antes de pagar as contas. E, para quem é casado ou namora já há algum tempo, quando a patroa determina, cabe a nós, homens, o cumprimento da vontade dela. E assim foi feito. Todo mês retirávamos a parcela para as nossas economias. Com o restante, pagávamos as contas e, se sobrasse dinheiro, poderíamos utilizá-lo para divertimentos (cinema, barzinho, entre outros). Isso em 1994! Só depois de alguns anos é que lemos algo similar em *Investimentos – Como administrar melhor seu dinheiro*, de Mauro Halfeld: "Pague-se primeiro." De acordo com o autor, "se você tem um salário mensal, procure poupar um valor fixo a cada mês no dia do seu pagamento. As pessoas que poupam apenas o que sobra no final do mês correm o risco de gastar demais. Somente depois comece a pagar as suas prestações habituais". Muitas vezes, foi necessário aumentar o número de aulas particulares ou vender mais produtos da Natura. Em outras palavras, procurávamos formas de aumentar nossos ganhos, pois o dinheiro recebido de uma única fonte não era suficiente. Mesmo para nós que controlávamos as despesas na ponta do lápis, literalmente.

2.5. Lidando com nossos fantasmas

Apesar do subtítulo, nossa intenção está longe de uma pseudo-auto-análise. Queremos, com este tópico, abordar alguns dos mecanismos internos que possuímos e que nos ajudam a ter essa postura poupadora em relação ao dinheiro. Na verdade, queremos provocar o leitor. Deixamos essa parte, propositalmente, para o final deste capítulo. Já tratamos da questão do consumo *versus* o consumismo e da simplicidade nas ações e nos desejos do dia-a-dia. Mas por que agimos dessa forma em relação aos assuntos já descritos? Como o leitor poderá se beneficiar?

Basicamente, sacrificamos a satisfação plena no presente pelo bem-estar no futuro. Praticamos isso porque presenciamos os acertos e os erros dos nossos pais em relação ao dinheiro. Em outras palavras, aprendemos com o passado e com a nossa experiência. Mas isso é apenas uma parte, e não é a principal. Com os nossos pais temos uma vivência, uma percepção e, melhor dizendo, uma referência. A responsabilidade em repetir os acertos e minimizar os erros é exclusivamente nossa. Crescemos, amadurecemos e tivemos contato com um ambiente diferente (inflação baixa e sob controle). Seria fácil e bem piegas dizer que passamos por privações quando crianças e adolescentes, mas isso é justificativa tanto para poupar como para gastar. Ora, se passamos por necessidades e deixamos de adquirir algumas coisas, isso poderia ser usado contra o poupar: "agora que tenho dinheiro, vou adquirir o que quero". Assim, podemos afirmar, e esse é o nosso sentimento, que somos os responsáveis pela maneira como lidamos com o dinheiro. E aqui, leitor, o benefício da leitura desta parte que desejamos deixar é: assuma a responsabilidade pelo seu sucesso financeiro e também pelas decisões tomadas em relação ao dinheiro. Não terceirize essa responsabilidade. Se você gastou e não poupou, foi porque você assim desejou! Somos poupadores porque os nossos fantasmas moram no futuro, e não no passado. Não teremos herança, o mercado de trabalho pode nos fechar as portas a qualquer momento, e as tentações do consumo são inúmeras. Entretanto, sabendo disso, priorizamos o poupar para não depender mais do dinheiro do trabalho para pagar contas.

Aqui está uma pergunta simples: "Você prefere passar a maior parte da vida trabalhando por dinheiro ou fazendo o dinheiro trabalhar por você?" A maioria de nós prefere a segunda opção, mas fazemos a primeira simplesmente porque não poupamos o suficiente.

Extraído de *Você milionário: 10 mandamentos para ganhar dinheiro e ter tempo para aproveitá-lo,* de Michael LeBouef (Rio de Janeiro: Campus/Elsevier).

Os próximos capítulos são exemplos das nossas práticas em assuntos bem conhecidos, como controle orçamentário e planejamento financeiro. Mas, se não houver uma reflexão por parte do leitor em relação às finanças pessoais, mais precisamente, em relação ao dinheiro, este livro terá poucas chances de ter o seu objetivo alcançado, ou seja, de servir de estímulo para a conquista da independência financeira. Caindo no precipício da auto-ajuda: cabe a você, leitor, construir o seu futuro. Erros e acertos fazem parte do processo. Claro que você deve acertar mais, mas, além disso, você precisa ter perseverança para alcançar os seus objetivos financeiros. Não é fácil, mas também não é tão difícil.

Um estudo feito pela Universidade de Cambridge, na Inglaterra, com o objetivo de entender como as pessoas se relacionam com suas finanças pessoais revelou um quadro preocupante. Metade dos entrevistados apresentou aceleração do ritmo cardíaco quando teve de lidar com suas finanças e 15% ficaram imóveis, se recusando a analisar os dados. Ainda no artigo que comenta sobre esse estudo, tem-se que "*de um modo em geral, as pessoas não foram preparadas para lidar com dinheiro, acabando por assumir, muitas vezes, uma atitude infantil*".

Revista *Istoé Dinheiro*, nº 472 de 04/10/2006 – "Fobia de finanças".

CAPÍTULO 3

O controle orçamentário (controlar os gastos, gastar menos e procurar ganhar mais)

Tenho um irmão quatro anos mais velho. Ele começou a trabalhar aos 17 anos, e eu, naquela época com 13, ficava em casa após a escola. Como quase todo irmão mais novo, eu adorava mexer nas gavetas dele. E, aproveitando minhas horas de liberdade em casa, eu podia "cuidar" um pouco "melhor" da vida dele. Não demorou muito para eu encontrar um pequeno pedaço de papel manuscrito com algumas informações sobre seu salário, contas a pagar e seus respectivos valores, reservas para passeios, roupas e ops!: uma mesada para o seu irmão caçula querido. E todo mês era a mesma coisa: ele fazia o orçamento e eu verificava se receberia a mesada. Tenho boas lembranças daquela época! Apesar da brincadeira, o que quero é destacar aquela prática: ele anotava em um pequeno papel, do tamanho de uma carteira masculina fechada, a sua previsão de ganhos e de despesas. Comecei a trabalhar dois anos depois, aos 15, e copiei o exemplo do meu irmão. Desde cedo elaborava aquilo que chamamos de orçamento. Era o uso de uma boa ferramenta, mas de forma incompleta, pois não havia análise alguma sobre os gastos e muito menos uma preocupação com a poupança. Era um bom registro e uma boa visão do que poderia ser feito com o dinheiro que estava entrando. E essa era a lógica: o dinheiro que entrava, saía. Por outro lado, a boa semente estava plantada: havia a prática do registro dos ganhos e dos gastos ou despesas.

Muitos anos se passaram, Regina e eu estávamos em Florianópolis para iniciar o mestrado e foi fácil retomar a prática do registro das entradas e das saídas. Mas, agora, de forma mais amadurecida: tínhamos uma meta de quanto guardar, um registro para as pequenas despesas (suco, sorvete, revista etc.) e uma análise sobre os gastos realizados. Análise bem básica, pois durante um bom tempo minha querida esposa reclamou da falta de uma gestão mais firme sobre as despesas. Em seguida, compramos um computador, descobrimos o Excel e informatizamos o controle: como tínhamos a prática, e confesso que para esse assunto sou bastante metódico, o orçamento era feito, analisado e lançado periodicamente. Como gostávamos de poupar, além de saber da importância de fazê-lo, conseguíamos manter as nossas despesas abaixo dos nossos ganhos. Com o nosso desenvolvimento profissional, vieram salários melhores e mantivemos as despesas sob controle.

Apresentamos, a seguir, o nosso orçamento. Escolhemos um mês que representa a nossa média de gastos. Todas as contas e valores são reais. Adicionamos também os gastos com cartão de crédito, o registro das pequenas despesas e os gastos com alimentação.

As cinco figuras constituem o nosso orçamento. Trata-se de um controle em uma planilha eletrônica, na qual a Figura 3.1 recebe as informações consolidadas das demais e os dados referentes às nossas receitas.

Na tabela "Despesas" da Figura 3.1, os valores "Total fixo" e "Total variável" são alimentados pelos resultados contidos nas tabelas da Figura 3.2. O total gasto com cartão de crédito (Figura 3.3) é transferido para o campo GM Card da tabela "Variável Ambos" da Figura 3.2. Da mesma forma, o total das pequenas despesas (Diversos), Figura 3.4, é transferido para a mesma tabela "Variável Ambos", mas para o campo "Diversos", da Figura 3.2. Finalmente, o total das despesas com Supermercado (Figura 3.5) também é transferido para o campo "Supermercado" da tabela "Despesas" da Figura 3.1.

Parece complicado à primeira leitura, porque não fui capaz de encontrar uma forma mais simples de descrever o funcionamento da planilha. Dica: dê uma olhada nas figuras a seguir, identificando o que foi descrito no parágrafo anterior. Após isso, ficará bem fácil compreender como as informações são direcionadas.

Assim, na Figura 3.1 apresentamos todas as receitas do mês (salários, retorno de gasolina – benefício da empresa –, as restituições de IR, os juros depositados referentes às ações da Magnesita e os valores dos vales-alimentação), o consolidado das despesas, o valor a

FIGURA 3.1 **EXEMPLO DO ORÇAMENTO DO CASAL**

RECEITAS		
O QUE	QUANDO	QUANTO (R$)
Salário Eu	30	2.075,77
Salário Eu	15	3.025,20
Salário Rê	30	3.118,63
Saldo mês anterior		1.450,45
gasolina retorno		519,11
IRPF Rê		3.700,00
IRPF eu		2.750,24
juros magnesita		219,88
Vale alimentação Rê		210,00
Vale alimentação Marco		110,00
	TOTAL =	17.179,28

INVESTIMENTOS		
O QUE	QUANDO	QUANTO (R$)
Investimento 1	8	12.006,03
Investimento - 2	29	
Aposentadoria		
Investimento - PGBL Rê		
TOTAL =		12.006,03

DESPESAS		
O QUE	QUANDO	QUANTO (R$)
Total fixo		367,20
Total variável		2.892,25
Supermercado		498,40
	TOTAL =	3.757,85

SALDO		
O QUE	QUANDO	QUANTO (R$)
Total receitas		17.179,28
Total despesas		(3.757,85)
Total investimento		(12.006,03)
TOTAL =		1.415,40

ser investido e o saldo geral. Normalmente, esse saldo geral pode ter dois destinos: aumentamos o valor investido no mesmo mês ou aguardamos o mês seguinte (com o dinheiro parado na conta!), e o valor é lançado em "Saldo do mês anterior".

A Figura 3.2 evidencia nossos gastos com: telefonia, energia elétrica, CPMF, água, alarme monitorado (serviço de segurança), cartão de crédito, diversos (ou pequenas despesas), seguro residencial, escola particular do nosso filho e outros gastos esporádicos. Além disso, temos um seguro de vida *resgatável*. Ele vale R$150.000 e é corrigido (ou atualizado) anualmente pelo IGP-M. Caso eu (Marco) não venha a falecer até os 65 anos de idade, poderei usufruir dele a partir de então. Além de uma segurança para a família na minha falta, será um reforço na previdência futura.

A conta "empregada" está sem lançamento. Temos uma grande dificuldade para encontrar uma boa profissional e, assim, às vezes, temos esse serviço, outras vezes não. Quando não temos, e isso é bem freqüente, Regina e eu dividimos as tarefas caseiras.

FIGURA 3.2 **DETALHES DAS DESPESAS DO CASAL**

FIXO - AMBOS		
O QUE	QUANDO	QTO (R$)
Telefone 1	20	71,50
Energia elétrica	6	114,73
Telefone 2	20	-
embratel	28	11,16
CPMF Rê		21,78
CPMF		37,78
Sistema de segurança		80,00
água	2	30,25
SUB TOTAL =		367,20

VARIÁVEL - AMBOS		
O QUE	QUANDO	QTO (R$)
GM Card	15	1.444,56
Diversos	-	262,79
empregada		
seguro da casa 2 de 4	16	83,11
Escola	10	399,00
Seguro	30	328,72
eletro	28	151,19
restaurante	10	48,18
gás	17	115,00
Roupas	24	59,70
TOTAL =		2.892,25

No nosso controle de gastos com cartão de crédito (Figura 3.3), definimos um valor máximo igual a R$850. Criamos uma forma de a planilha eletrônica nos alertar, automaticamente, o saldo remanescente à medida que lançamos os valores pagos. Para isso, utilizamos uma formatação condicional, cujo resultado obedece um padrão de cores. No caso do cartão de crédito, o saldo será verde enquanto for maior do que R$333, amarelo quando estiver entre R$332,99 e R$191, e vermelho quando for menor do que R$190,99.

Para este mês, estouramos o limite dos R$850 em R$594,56. É uma informação importante para ficarmos em alerta. Já sabíamos que não seria um bom mês para essa conta, à medida que a planilha informava a situação (cor vermelha) e o saldo negativo crescia. O mesmo processo ocorre com a Figura 3.4, que evidencia um gasto superior de R$62,79 em relação ao limite que definimos para as pequenas despesas.

Lembrei de uma informação importante: durante anos anotei todos (ou quase) os pequenos gastos em uma caderneta de bolso. Não importava o valor, no momento da compra ou um pouquinho depois, registrava na caderneta. E, assim, criei o hábito de controlar esses pequenos valores. E não é necessário dizer que sempre que alguém via essa atividade, me considerava o maior "sovina" da face da Terra. Mais recentemente, adquiri um *palm Zire* 72 que utilizo, entre outras coisas, para registrar todas as despesas, monitorar o orça-

FIGURA 3.3 **DETALHAMENTO DOS GASTOS COM CARTÃO DE CRÉDITO**

Valor Máximo de Gastos com Cartão			R$ 850,00	
REGINA				Acumulado
O QUE	QUANDO	ONDE	QTO (R$)	
				850,00
			-	
MARCO				-
O QUE	QUANDO	ONDE	QTO (R$)	
gasolina	26/abr	BR	95,90	754,10
hotel	28/abr	bom descanso	26,65	727,45
presente Rê	28/abr	botica	43,00	684,45
almoço	23/abr	Buffet	13,50	670,95
pijamas	23/abr	shopping	36,68	634,27
pizzaria	25/abr	abare	13,00	621,27
calça moleton	22/abr	shopping	17,90	603,37
almoço	22/abr	Buffet	21,23	582,14
diversos	27/abr	lasa	18,90	563,24
gasolina	27/abr	BR	103,00	460,24
árvore de natal	27/nov	lasa 6 de 6	29,67	430,57
ferros de passar roupa	25/jul	super	15,76	414,81
cd's música clássica	30/nov	folha SP 6 de 6	36,35	378,46
diversos	11/fev	lasa 4 de10	17,15	361,31
presente Rê	10/mar	rg 3 de 3	140,00	221,31
diversos	26/mar	lasa 2 de 3	17,43	203,88
camisa Rê	10/abr	Loja 2 de 5	10,98	192,90
camisa Rê	15/abr	Confec jeans 2 de 2	29,95	162,95
brinquedo	20/fev	shopping 3 de 3	66,64	96,31
gasolina	3/mai	BR	122,00	(25,69)
almoço Rê	9/mai	churras	16,80	(42,49)
gasolina	15/mai	BR	98,00	(140,49)
gasolina	9/mai	BR	90,00	(230,49)
remédios	5/mai	Luiz	30,76	(261,25)
gasolina	22/mai	BR	10,00	(271,25)
remédios	20/mai	farmácia	16,59	(287,84)
gasolina	20/mai	Ipi	96,15	(383,99)
gasolina	23/mai	Shell	121,00	(504,99)
jantar SP	16/mai	speed	42,57	(547,56)
jantar SP	17/mai	congonhas hill	48,95	(596,51)
lanche	22/mai	Padoca	8,16	(604,67)
mangueira tanque gasolina	20/mai	auto mec lua	40,00	(644,67)
almoço	20/mai	Buffet	19,45	(664,12)
pijamas	23/abr	shopping	40,48	(704,60)
		dif cartao	-110,04	(594,56)
			1.444,56	
GERAL		TOTAL	1.444,56	

FIGURA 3.4 **DETALHAMENTO DAS PEQUENAS DESPESAS (DIVERSOS)**

Valor máxino de gastos com diversos			R$ 200,00	
DIVERSOS				Acumulado
O QUE	QUANDO	ONDE	QTO (R$)	
almoço Rê	1/jun		6,15	193,85
almoço Rê	13/jun		4,09	189,76
almoço Rê	14/jun		4,99	184,77
sacolao			8,90	175,87
estacionamento			7,50	168,37
água			2,70	165,67
mudas			2,00	163,67
japones			14,30	149,37
lembranca artesanato			6,50	142,87
sorvete			1,50	141,37
pastéis			6,80	134,57
recarga celular			20,00	114,57
lanche			1,40	113,17
cabelo			7,00	106,17
cabelo			7,00	99,17
lanche			2,60	96,57
farmácia	3/jun		17,10	79,47
mercearia	3/jun		26,10	53,37
casa das carnes	9/jun		39,50	13,87
lavação carro	16/jun		12,00	1,87
sorvete	23/jun		1,50	0,37
água	24/jun		5,40	(5,03)
jornal	24/jun		3,00	(8,03)
suco	23/jun		2,50	(10,53)
almoço	27/jun		17,80	(28,33)
suco	27/jun		2,90	(31,23)
estacionamento	27/jun		8,00	(39,23)
acoplamento condutor	26/jun		3,72	(42,95)
pão de queijo	27/jun		0,70	(43,65)
estacionamento	27/jun		3,00	(46,65)
almoço	20/jun		5,79	(52,44)
farmácia	22/jul		10,35	(62,79)
			-	
TOTAL			262,79	

FIGURA 3.5 **GASTOS COM ALIMENTAÇÃO (SUPERMERCADO, PADARIA ETC.)**

SUPERMERCADO			
O QUE	QUANDO	ONDE	QTO (R$)
alimentação	1/jun		121,55
alimentação	10/jun		3,22
alimentação	11/jun		3,11
alimentação	12/jun		71,12
alimentação	13/jun		76,37
alimentação	14/jun		1,93
alimentação	15/jun		3,51
alimentação	16/jun		30,70
alimentação	17/jun		3,63
alimentação	21/jun		48,96
alimentação	24/jun		3,35
alimentação	25/jun		14,81
alimentação	26/jun		47,96
alimentação	22/jul		22,03
alimentação	26/jul		46,15
TOTAL			498,40

mento e acompanhar a evolução dos investimentos. Não importa a ferramenta utilizada; o que vale é saber onde o dinheiro é gasto. E não apenas isso. Como dizia um gerente para o qual trabalhei: "Visão sem ação é pura ilusão."

Apesar de fazermos uma análise de cada conta, nossa preocupação está voltada para o resultado final e total das despesas. Assim, quando "estouramos" alguma conta ficamos em alerta em relação a ela, mas focamos nossa atenção no total geral envolvendo todas as contas. Falaremos sobre isso um pouco mais à frente, ainda neste capítulo.

Durante anos, nossa meta de economia para o ano seguinte era um incremento sobre o que havíamos guardado no ano anterior. E Regina sempre foi bastante agressiva nesse aspecto. Enquanto eu trabalhava com alguma folga no orçamento, ela, delicadamente, me fazia alterar a meta de economia para valores mais desafiadores, por assim dizer. Tínhamos, então, uma prática de elaboração do orçamento, um controle orçamentário, uma meta de economia para o ano, mas ainda faltavam algumas coisas.

As boas práticas recomendadas sobre análise do orçamento sugerem a divisão de despesas por grupos, com seus respectivos totais: alimentação, diversão, moradia, pequenas despesas, entre outras. E, em seguida à totalização das despesas, deve-se verificar o peso de cada grupo sobre o total gasto. Tem-se hoje em dia, inclusive, percentuais de referência para cada grupo. Muito material informativo sobre o controle orçamentário pessoal/familiar pode ser encontrado no site Infomoney: http://web.infomoney.com.br (Suas finanças/ Orçamento/Guia Finanças da família) e também no site Financenter: http://financenter.terra.com.br (Planejamento Financeiro/Orçamento Familiar).

Confesso que nunca fizemos esse tipo de verificação, mas também deixo claro que não a invalidamos. Nosso método é apenas um pouco diferente: com a vivência (ou experiência) nos registros, na definição do montante a ser guardado, na agressividade para novas metas, observávamos (e ainda observamos) os valores totais das despesas, o valor economizado e se estávamos dentro do objetivo, ou melhor, conforme as metas do nosso planejamento financeiro (descrito no próximo capítulo). Mas, além desse detalhe de não verificação, o nosso orçamento era mensal e a nossa análise também mensal, mas com um objetivo de economia anual. O que quero dizer é que faltava ainda um acompanhamento anual da evolução das nossas despesas. Percebendo isso, buscamos todos os nossos registros e preparamos um histórico dos nossos gastos. A Tabela 3.1 apresenta o levantamento das nossas despesas (ou gastos) nos últimos cinco anos.

Essa tabela contém, praticamente, todas as despesas que tivemos em cada ano, com uma única exceção: as parcelas referentes ao pagamento da nossa casa. Retiramos os valores para facilitar a comparação dos totais dos últimos cinco anos, já que iniciamos o pagamento da casa em abril do Ano 1 e a quitamos em meados do Ano 4.

Adicionamos, também, o percentual de variação dos gastos totais do ano seguinte em relação ao anterior. E acrescentamos a inflação anual, conforme o IPCA (Índice de Preços ao Consumidor).

Algumas constatações interessantes e importantes:

- ☐ O nosso gasto médio nos últimos cinco anos foi igual a R$46.000. Nesse período, Regina e eu cursamos uma pós-graduação, um mestrado (apenas eu), mobiliamos parcialmente nossa casa e tivemos o nosso primeiro filho (mais as despesas comuns dessa nova fase);
- ☐ Apesar dos valores crescentes, tivemos uma redução das despesas no Ano 5 igual a 8,19%;
- ☐ Mas a informação mais interessante é fornecida pela inflação do período. Do Ano 2 até o Ano 5, tivemos uma inflação acumulada de 28,20% (= 1,093 × 1,076 × 1,0569 × 1,0314) pelo IPCA. Aplicando essa inflação sobre o valor total do Ano 1 (R$40.140,84), temos um valor corrigido igual a R$51.461,20. Mas nosso resultado real no final do Ano 5 foi de R$46.906,19, ou seja, após quatro anos, gastamos menos do que o valor do Ano 1 corrigido pela inflação, apesar dos gastos novos já mencionados.

Talvez pareça mágica, mas, na verdade, trata-se apenas de um bom controle orçamentário, do cuidado com as pequenas economias e de um consumo racional. Todo ano, temos algumas despesas diferentes daquelas efetuadas anteriormente, mas, no total, conseguimos manter um padrão de gastos abaixo da inflação. E sem prejudicar o nosso estilo na página 44.

Percebemos, também, a necessidade da junção da visão mensal dentro de um comparativo anual dos gastos realizados e planejados. Vamos explicar isso de forma mais clara: procurei aplicar a idéia de preparação e de acompanhamento do *budget* (orçamento) realizado em empresas em causa própria. Como gerente de área, uma das minhas responsabilidades é preparar o tal *budget* anual da área conforme as diretrizes da empresa. Normalmente essas diretrizes se con-

TABELA 3.1 **EVOLUÇÃO DAS DESPESAS MENSAIS NOS ÚLTIMOS CINCO ANOS**

	Ano 1	Ano 2	Ano 3	Ano 4	Ano 5
Janeiro	R$ 3.478,19	R$ 3.613,53	R$ 2.942,64	R$ 4.851,81	R$ 4.689,27
Fevereiro	R$ 2.945,17	R$ 3.905,63	R$ 4.898,85	R$ 4.726,68	R$ 5.488,63
Março	R$ 2.776,70	R$ 3.426,35	R$ 3.903,21	R$ 3.709,07	R$ 3.138,48
Abril	R$ 3.887,63	R$ 4.400,84	R$ 2.544,16	R$ 4.752,88	R$ 3.748,71
Maio	R$ 4.682,50	R$ 3.810,03	R$ 2.256,27	R$ 3.669,53	R$ 4.129,57
Junho	R$ 4.898,77	R$ 3.626,18	R$ 3.125,78	R$ 4.301,51	R$ 3.757,85
Julho	R$ 3.376,72	R$ 2.185,63	R$ 3.734,41	R$ 3.999,12	R$ 2.786,74
Agosto	R$ 3.108,10	R$ 4.327,26	R$ 4.432,42	R$ 3.915,91	R$ 3.206,38
Setembro	R$ 2.660,33	R$ 3.336,90	R$ 3.699,98	R$ 4.018,04	R$ 3.512,70
Outubro	R$ 2.366,18	R$ 3.347,50	R$ 6.744,75	R$ 3.729,20	R$ 3.404,46
Novembro	R$ 3.502,15	R$ 5.961,21	R$ 4.334,94	R$ 4.366,28	R$ 3.670,20
Dezembro	R$ 2.458,40	R$ 2.848,60	R$ 3.506,64	R$ 4.727,93	R$ 5.373,20
TOTAL	R$ 40.140,84	R$ 44.789,66	R$ 46.124,05	R$ 50.767,96	R$ 46.906,19
Variação %		11,58	2,98	10,07	(8,19)
IPCA %	12,50	9,30	7,60	5,69	3,14

centram na solicitação de um *budget* para o novo ano com valores menores aos até então ocorridos. Cada área prepara o seu *budget*, envia-o para a Controladoria, esta consolida as propostas e ao analisar o resultado geral, se o mesmo estiver abaixo das expectativas, os gerentes são, novamente, solicitados a novas reduções. Cada área pode apresentar percentuais diferentes de redução. Quando o valor global for atingido (estamos ainda falando da meta), o novo *budget* é aprovado. A partir do fechamento do primeiro mês do ano seguinte, todas as contas são comparadas em relação à proposta apresentada (e aprovada) e em relação aos gastos efetuados no mesmo mês, mas referentes ao ano anterior. E esse processo se repete mensalmente e anualmente.

Com esse conhecimento transformei todos os gastos mensais em uma planilha anual e sobre a mesma lancei uma meta de redução. Essa planilha é apresentada na página 44:

O objetivo dessa planilha é criar um desafio e, conseqüentemente, uma possibilidade de economia anual. Além disso, você amplia o seu planejamento e controle, destaque para controle, pois adicionamos uma visão anual à mensal, na qual ajustes podem ser inseridos para possibilitar a realização da meta ou para ficar próximo dela

PLANILHA 3.1 ***BUDGET* DO ANO ATUAL COMPARADO COM O ANO 5**

Despesas	abr/06	abr/07	mai/06	mai/07	jun/06	jun/07
Energia elétrica	62,14	56,89	62,58	56,89	114,73	45,11
água	43,85	34,78	43,85	34,78	30,25	30,25
alarme monitorado	81,15	80,00	78,85	80,00	80,00	80,00
embratel	8,81	5,44	15,29	3,48	11,16	
Telefone	46,90	27,47	47,34	27,47	71,50	27,47
Telecom	0,00				0,00	
CPMF Rê	18,43	23,95	20,00	27,97	21,78	22,89
CPMF	25,74	2,48	38,28	43,07	37,78	2,00
Brasil Telecom		263,40		122,83		116,94
Terra				12,86		9,90
Diversos	196,53	816,73	211,38	400,00	262,79	279,84
GM Card	1.429,31	1.438,60	1.514,36	1.405,68	1.444,56	1.552,62
diarista	105,00	240,00		80,00		0,00
apólice seguro de vida	324,02	325,68	324,02	325,68	328,72	337,62
escola filho	399,00	417,00	399,00	417,00	399,00	417,00
estadia Férias						
taxa de material filho						
seguro Bonitona 1 de 4	163,94	163,22	163,94	163,22		0,00
gasolina Lucélia						
uniforme filho						
chicote gás P45						
lajota, brita e pó						
blocos 104						
via flora						
telefone empresa						
Supermercado						
doação eu						
doação Rê						
gasolina						
presente eu - perfume						
outros	296,81		27,60	170,25	259,07	
IPVA						
licenciamento e seguro						
Imposto sindical						
IPTU		92,44		92,44		92,44
gás		115,00			115,00	
manutenção carro	132,90	140,00	265,00			
Tênis filho	74,80					
Darf	60,62	65,54	227,54			59,83
calha			306,83			
manutenção aquecedor			50,00			
seguro casa			83,11	82,65	83,11	82,65
Cartão Sams						
Alimentação	278,76	583,99	250,60	390,00	498,40	259,00
micro novo						
IRPF						
multa carro						102,15
OUTROS						400,00
Total	3.748,71	4.892,61	4.129,57	3.936,27	3.757,85	3.917,71
Redução		-1.143,90		193,30		-159,86
Redução Acumulada		-1.102,20		-908,90		-1.068,76
META ACUM		2.345,32		2.931,65		3.517,98

(que já é algo positivo). Claro que isso é um ideal. **Novamente, reforçamos a necessidade de integrar controles e ações.** Nosso objetivo central não é diminuir continuamente nossas despesas. Repito: não é nosso objetivo viver cortando custos. Nosso objetivo é acumular dinheiro conforme metas relacionadas a quantias e prazos. Claro que deixar de gastar ajuda nessas conquistas (e muito). Por outro lado, você pode estourar o seu *budget* e, mesmo assim, atingir o valor planejado das suas economias. Para isso, você precisará ganhar mais: ou trabalhando mais, ou investindo melhor o seu capital. Preferencialmente, as duas ações em conjunto.

Esse controle, o comparativo via *budget*, foi criado recentemente e, pelos dados apresentados, não conseguiremos atingir a meta de redução de despesas que, democraticamente, eu defini. Em outras palavras, teremos um fracasso no primeiro ano de implantação dessa ferramenta. E a causa reside em algo que também acontece nas empresas: despesas não planejadas. No nosso caso, fizemos uma atualização emergencial (*upgrade*) do computador no valor de R$900 e contratamos um serviço de internet de banda larga. Essas duas ações justificam a diferença de R$1.068,76 (Planilha 3.1 – coluna jun/07). Para piorar, a redução por mim estipulada para o primeiro semestre, no valor de R$3.517,98, não foi atingida. Mas o ano ainda não terminou e podemos reagir até lá. Isso, leitor, também é importante e já foi mencionado: ter persistência, não desistir com facilidade. Se, no final do ano, a meta de economia não for alcançada, analisaremos o que foi feito de errado (por exemplo: a meta foi muito agressiva?) e tentaremos no próximo ano.

Até agora falamos sobre o controle das despesas efetuadas. Temos um bom registro, mas existe uma atividade que precede a anotação do que foi gasto: a preocupação em controlar essas despesas, ou melhor, procurar gastar menos. Fazemos isso no dia-a-dia sem desprezar as pequenas economias, a boa pesquisa de mercado e o ato de pechinchar.

Regina é craque na pesquisa de mercado, ou de supermercado, melhor dizendo: as promoções que são anunciadas, os valores praticados pelos supermercados que freqüentamos, mais as nossas necessidades de compra são rápida e freqüentemente "processadas" pela minha esposa. É incrível a capacidade dela para "armazenar" esse tipo de informação. Quando chega o momento para as compras, basta pegar a lista e ir até o supermercado. Lá a patroa continua a ser a patroa, e eu, como bom marido, empurro o carrinho. Pareço um zumbi de um lado para o outro do supermercado atrás da minha esposa. **Quando não encontramos um determinado item que havia sido anunciado, o zumbi acorda e solicita a liberação de outro produto similar que seja do nosso agrado e ao preço da promoção anunciada.** Descobrimos, também, que é muito comum o produto ter um preço na prateleira e outro ao passar no caixa. Quando lidamos com situações que envolvem o nosso bolso, a única vergonha que temos é a de sermos prejudicados durante a compra. Dessa forma, com um trabalho de equipe, valorizamos as pequenas economias, ou melhor, as economias do dia-a-dia.

Nossa preferência por uma alimentação mais saudável, além de fazer bem para o corpo e para a mente, faz muito bem para o bolso. Basta comparar os preços de frutas, legumes e verduras *in natura* com produtos industrializados. O primeiro grupo é muito mais saudável e barato. Outra ajuda adicional: com uma alimentação saudável, visitamos menos os médicos e compramos menos remédios. Gostamos mais de carne branca do que vermelha. Na média, o primeiro grupo é mais barato e mais saboroso para o nosso paladar.

O ato de pedir desconto já virou padrão para nós, independentemente do valor do que estamos comprando. Uma calça de R$25 para nosso filho pode ser comprada por R$23 e, dessa forma, deixamos de gastar R$2. Mas o que são os R$2? Uma economia de 8%! Ter uma rentabilidade líquida de 1% ao mês na renda fixa já é difícil, imagine 8%. E, assim, reforçamos a importância das pequenas economias, que se tornam significativas no acumulado do ano e que são continuamente direcionadas para investimentos.

Quando não conseguimos um desconto, parcelamos a compra no cartão de crédito sem juros. Como sempre, pagamos a fatura do cartão de crédito em dia e na sua totalidade. Conseguimos, com o uso do cartão, prazo para o pagamento da dívida e, uma vez que poupamos freqüentemente, o dinheiro não utilizado no momento da compra também é direcionado para a poupança, pois acaba virando "sobra". Começamos a utilizar essa forma de pagamento porque ao comprar o nosso primeiro e único carro zero (marca Chevrolet) recebemos o GM Card. Ele foi o nosso único cartão de crédito por muitos anos e, como dissemos, sempre com a fatura paga em sua totalidade.

Excetuando-se o tipo de dívida anteriormente citado, não temos o hábito de comprar aquilo que não podemos pagar no ato (e com desconto). Temos a exceção da casa onde moramos, mas deixamos para falar em breve os detalhes dessa aquisição, que durou cerca de quatro anos e meio para ser totalmente quitada.

Creio que serei execrado pelo clube do Bolinha, mas vamos lá: não queimo nosso dinheiro com cigarro e cerveja. Do lado da Regina, o clube da Luluzinha jamais a aceitará porque ela não vive no salão de beleza, queimando dinheiro com unha da mão, unha do pé, pêlo daqui e pêlo de lá. E eu estou bem longe dessa onda metrossexual. Cá entre nós: eu já casei! Apesar de algumas brincadeiras, deixamos claro que nossas despesas nesse grupo são bastante minimizadas. E alertamos: isso é válido para nós, pois não sentimos falta desses itens.

Existem muitos intermediários entre os produtores e os consumidores, de modo geral. Assim, os produtos que temos à disposição são acrescidos de valores, às vezes, exagerados. Precisamos, de alguma forma, contornar essa situação. Quando pechinchamos, estamos fazendo exatamente isso: procurando diminuir os exageros dos preços. Somos o lado mais fraco dessa negociação, apesar de toda concorrência existente. Lembro de uma situação de alguns anos atrás, na qual precisávamos comprar uma nova geladeira (maior) e fizemos a nossa pesquisa de mercado. Retiramos o dinheiro necessário para a compra. Na verdade, um valor um pouco menor. Fomos em algumas lojas pré-selecionadas e pedimos um desconto. Em uma delas, a nossa preferida, o vendedor fez a sua proposta e comentamos que era pouco (o desconto). Ele disse que era o máximo que ele podia fazer e, nós, de forma bastante simplória, lamentamos a impossibilidade de comprar a geladeira por uma diferença tão pequena. Nesse momento, abrimos a carteira, mostramos o dinheiro que tínhamos para a compra (o resto estava na bolsa ou no bolso) e, novamente, lamentamos o insucesso da negociação. Como num passe de mágica, o vendedor, ao ver o dinheiro, pediu um minuto e foi falar com o gerente. Resumindo, compramos a geladeira com o dinheiro que mostramos ter na carteira. Sabemos dos problemas secundários em se andar com dinheiro na carteira, mas deu resultado.

Durante três anos não tivemos reajuste de aluguel porque não aceitávamos a atualização pelo índice da inflação conforme contrato. Éramos bons pagadores e sabíamos que havia muito mais oferta de imóveis para locação do que interessados em alugar. O mesmo acontece para o serviço de segurança/monitoramento da nossa residência. Tem-se várias empresas à disposição e, dessa forma, continuamos a pagar o mesmo valor original de três anos atrás.

Outra forma de gerar economia é a constante atenção às promoções em geral. Unimos essa atenção com o hábito de comprar presentes para datas festivas (aniversários e Natal, principalmente) de forma **antecipada**. Além de evitarmos a correria, com esse planejamento associado às promoções, presenteamos nossos familiares e amigos a baixo custo.

Em geral, nossas contas são pagas em dia. De vez em quando, esquecemos de pagar uma ou outra conta, principalmente quando a data é no final do mês e temos 31 dias. Na verdade, quem esquece sou eu, o Marco. Normalmente, Regina é bastante tolerante e eu a escuto reclamar por poucas **horas**.

Já tivemos situações isoladas de precisar de dinheiro para cumprir com alguma obrigação. Resultado de um descontrole no orçamento por falha de cálculo. Em vez de ficar com saldo negativo na conta corrente ou de não pagar a conta, recorremos ao melhor provedor de empréstimos que existe no mercado e, em hipótese alguma, estamos nos referindo aos bancos: nossa melhor ajuda financeira é encontrada na família. Nas poucas vezes que precisamos, pedimos dinheiro emprestado para os nossos familiares e os pagamos com uma correção maior do que a da poupança convencional, mas menor do que as taxas bancárias. Sempre que me perguntam onde conseguir dinheiro barato, sugiro a família como primeira tentativa. Mas dinheiro emprestado deve ser corrigido, independentemente de quem o empreste.

Com a prática dessas ações, conseguimos minimizar despesas e conseqüentemente gerar pequenas sobras que, somadas e repetidas com freqüência, nos ajudaram com outras iniciativas a chegar no primeiro milhão em menos de seis anos. De acordo com uma matéria publicada na revista *Istoé Dinheiro* de 14/03/2007 (v. 10, nº 494) e intitulada "A arte de economizar", "um estudo, baseado nas despesas de uma família hipotética, prova por a mais b que é possível formar por conta própria uma poupança de R$3,9 milhões economizando-se de R$25 a R$30, por mês ao longo de 40 anos." Conforme o artigo, "é um trabalho de formiguinha e a idéia chave é a de que pequenas economias diárias podem significar a independência financeira". Nosso exemplo reforça e valida essa recomendação.

Até agora apresentamos, neste capítulo, o nosso controle orçamentário, a gestão sobre o mesmo e a evolução que tivemos no uso dessa ferramenta. Além desse assunto, abordamos e exemplificamos a prática das pequenas economias no dia-a-dia. Resumidamente, sabemos onde gastamos o nosso dinheiro e procuramos economizá-lo em pequenas, médias e grandes despesas. No final, essa economia transforma-se em investimento, pois os valores economizados são direcionados para a nossa poupança.

Eu sou um grande fã de Mauro Halfeld. O primeiro livro e um dos mais importantes para a nossa caminhada rumo à independência financeira foi *Investimentos: como administrar melhor seu dinheiro* (Editora Fundamento Educacional). Além da leitura do livro, acompanhei sua coluna semanal (aos domingos) em um jornal aqui de Curitiba e, sempre que possível, escuto seus comentários, dicas e sugestões pela rádio CBN. São participações curtas, mas de grande valia para as nossas finanças pessoais. Pois bem, de acordo com Halfeld:

Poupança = Receitas – Despesas

E o autor explica: "**Observe que, na equação, existem duas maneiras de você aumentar a poupança: incrementar as Receitas e/ou reduzir as Despesas. Escolha a que é mais viável para você.**" Nós temos feito as duas coisas.

O ganhar mais é possível através de bons investimentos, conseqüência do saber investir, e também de ganhos maiores provenientes do trabalho. Temos, para essa segunda possibilidade, o entendimento de que como assalariados o salário é o "reconhecimento" pelo nosso trabalho. Conseguimos aumentar nossos salários por meio de dedicação no ambiente de trabalho e do investimento em educação técnico-acadêmica (pós-graduação e mestrado). Mas não apenas isso. Estávamos atentos às oportunidades dentro e fora da empresa. Acompanhávamos o mercado de trabalho e, se o reconhecimento financeiro não acontecia na empresa na qual estávamos, naturalmente, buscávamos nova recolocação. Claro que, mantendo o emprego anterior e só se desligando após a definição da contratação pela nova empresa. As promoções internas foram conquistadas através de mérito e também pela nossa proatividade em buscá-las. Já mencionamos que estamos na média (ou talvez, um pouco abaixo) em relação ao crescimento profissional (ou posicionamento hierárquico), mas no nosso histórico salarial ocorreram vários avanços. Resumidamente, queremos destacar a importância em buscar aumentos de salário e/ou benefícios, fornecendo continuamente ganhos para a empresa e, a partir de então, receber o reconhecimento por tal dedicação.

Além de buscar aumentos de salário no emprego principal, também pensamos em uma segunda ocupação. Com essa análise, eu, Marco, cursei um mestrado para viabilizar uma segunda carreira como professor de graduação em algumas noites durante a semana. Tinha dez anos de experiência na área de Logística e o mestrado era a única exigência para eu efetivar essa segunda atividade. Em momentos de desemprego, tenho também a possibilidade de transformar minha atividade secundária em principal. Dessa forma, criei mais uma opção para continuar sendo remunerado pelo trabalho. Como professor, posso aproveitar para alertar aos alunos sobre a necessidade da educação financeira. E tenho feito isso em algumas aulas. Recentemente, me perguntaram como acumular dinheiro com um salário de R$700, sendo que só a mensalidade da faculdade era de R$500. Minha resposta foi algo do tipo: "Qual conhecimento você possui que poderia reverter em ganhos adicionais nas suas **horas livres**? (Por exemplo: aulas particulares, preparação de bolos, doces e salgados para venda, entre outros)."

Precisamos de predisposição para ganhar dinheiro. Regina e eu temos feito isso, de tempos em tempos, desde a época do atraso das bolsas do mestrado. No caso, aulas particulares e venda de produtos da Natura. Essa prática é validada pela nossa experiência e também pelo site www.financaspraticas.com.br, no qual encontramos:

"Sendo criativo, um hobby pode se tornar fonte de renda! O dom para a culinária, a produção de bijuteria ou mesmo algumas aulas particulares na sua disciplina favorita podem ajudar no bolso. Aulas de música, dança ou mesmo cuidar do bebê da vizinha. Vale tudo!"

Destaquei "**horas livres**" anteriormente para gerar uma reflexão: podemos utilizar essas horas para descanso, prazer e também para gerar renda! Finalizando, de acordo com Benjamin Franklin, em um livro excelente e de rápida leitura:

"O que significa desejar e ansiar por dias melhores? Nós podemos melhorar nossa vida, se fizermos por onde. Querer é poder e quem vive de esperança morre em jejum. Nada cai do céu e todo ganho requer sacrifícios." E ainda: *"Empregue bem o tempo se quiser merecer o descanso. Como não sabemos se estaremos vivos daqui a um minuto, cada minuto é precioso e, por isso, não deve ser desperdiçado. O homem diligente, ao contrário do preguiçoso, descansa fazendo alguma coisa de útil, porque descanso nada tem a ver com ociosidade."*

Trechos extraídos de *O caminho da riqueza* (Editora Lótus do Saber).

CAPÍTULO 4

O plano para a independência financeira (como montamos o nosso)

A prática da poupança já fazia parte do nosso dia-a-dia. Tínhamos metas anuais de poupança e era confortável verificar aquele saldo positivo. Quando percebíamos que estava fácil, aumentávamos a meta para o ano seguinte. Mas faltava alguma coisa.

É impressionante como não aplicamos nossos conhecimentos profissionais em causa própria. Quero dizer, é comum, em um ambiente empresarial, preparar o ***budget*** (orçamento do período) e ter um planejamento do negócio. O orçamento nós tínhamos. Era meio solto, mais para registro e feito de forma ampla, não localizada. Mas existia. O que faltava era o planejamento de longo prazo: saber onde queríamos chegar com nossas economias e quando. Regina me questionou uma vez: "Mas, afinal, de quanto precisamos?" Não respondi, pois também não sabia. Entretanto, aquela pergunta me incomodou durante bom tempo. Para minha sorte, encontrei a resposta em um artigo sobre como se tornar livre do dinheiro, e este foi um dos dois mais importantes textos que lemos. De forma simples, o autor defendia a necessidade de se determinar quanto de dinheiro era o suficiente. E só a partir desse conhecimento e do alcance da quantia estipulada a pessoa conseguiria se libertar (termo utilizado pelo autor) da necessidade de dinheiro.

Minha esposa e eu sabíamos que não era do nosso interesse trabalhar até a aposentadoria (65 anos). A casa já estava comprada e em curso para quitação. Ou seja, a grande conquista da classe média já estava em andamento. Desejávamos ter dois ou três filhos e sonhávamos com a possibilidade de aproveitar o futuro com tranqüilidade (trabalhando pouco), tendo tempo para eles (fazendo, por exemplo, judô e natação juntos), e viajando pelo mundo periodicamente. Isso aconteceu em 2004, eu estava com 34 anos e comecei a montar o nosso planejamento financeiro.

Primeiramente, defini a idade limite para parar de trabalhar. Considerei que quando chegasse aos 49 anos já teria completado meu ciclo para o mundo das empresas. Assim, teria 15 anos para poupar. Na época (2004), nossas despesas mensais eram de cerca de R$3.850. Considerei o valor de R$6.000 uma boa remuneração mensal proveniente do valor total investido. Puro chute. Simplesmente acrescentei um pouco mais de 50% sobre o valor das despesas e achei bastante agressivo. Nesse caso, ser agressivo é muito positivo!

O segundo passo foi determinar a nossa expectativa de vida. Pelo que acompanhamos na mídia, além de nossos hábitos, considerei a idade de 75 anos como um provável limite para nós. Assim, o dinheiro economizado durante quinze anos deveria nos sustentar a partir dos 49 anos de idade e nos 26 anos seguintes, com uma "mesada" de R$6.000. De forma grosseira e bem simplória, chega-se ao valor de R$1.872.000 (= 26 anos x 12 meses x R$6.000) como meta a ser economizada. E se vivermos além dos 75 anos? Na época dos cálculos, considerei que o total acumulado continuaria crescendo em uma taxa maior do que as nossas despesas. Esses dados são apresentados na Tabela 4.1.

Em seguida, escolhi taxas de rentabilidade iguais a 5%, 8% e 10% (já descontada a inflação), conforme as recomendações que retirávamos das nossas leituras. Estávamos conseguindo, em alguns casos, valores superiores a esses, mas havia um alerta sobre a possibilidade de uma queda progressiva de rentabilidade da renda fixa para o futuro próximo.

Tínhamos, então, o valor a ser atingido (R$1.872.000), o prazo para efetivar essa poupança (15 anos), as taxas de rentabilidade para

TABELA 4.1 **DADOS CONSIDERADOS PARA O PLANO**

Informações para o plano de independência financeira	
Idade para aposentadoria	49
Tempo para poupança em anos	15
Tempo para poupança em meses	180
Renda desejada a partir dos 49 anos	**R$ 6.000,00**
Expectativa de vida (idade)	75
Reserva financeira a ser atingida aos 49 anos	**R$ 1.872.000,00**

ajudar no crescimento do dinheiro e uma previsão de saldo inicial de R$62.000 para começar. O passo seguinte foi determinar possíveis valores a economizar por mês: de R$1.000 a R$4.500, com incrementos de R$500. Cheguei no limite dos R$4.500 por entender que não seria realístico considerar economias superiores a esta, pois não teríamos de onde tirar.

Com essas informações e mais a aplicação de uma fórmula de matemática financeira (disponível no Excel) para encontrar o valor futuro de uma seqüência de aplicações mensais, montei a Tabela 4.2.

TABELA 4.2 **PLANO PARA INDEPENDÊNCIA FINANCEIRA**

Rentabilidade líquida		APLICAÇÃO MENSAL				
Anual	Mensal	R$ 1.000,00	R$ 2.000,00	R$ 3.000,00	R$ 4.000,00	R$ 4.500,00
5%	0,41%	R$ 393.718,14	R$ 658.542,74	R$ 923.367,33	R$ 1.188.191,93	R$ 1.320.604,22
8%	0,64%	R$ 534.280,79	R$ 871.887,09	R$ 1.209.493,39	R$ 1.547.099,69	R$ 1.715.902,85
10%	0,80%	R$ 657.433,36	R$ 1.055.877,33	R$ 1.454.321,30	R$ 1.852.765,27	R$ 2.051.987,25

O valor mais próximo dos R$1.872.000 é atingido ao aplicarmos R$4.000 por mês, durante 15 anos, a uma taxa mensal de 0,80% (10% a.a.). Agora sim, tínhamos um plano: economizar, pelo menos, R$48.000 por ano e investir em aplicações com rentabilidade líquida igual ou superior a 10%. Como qualquer plano, ele precisa ser acompanhado e, se necessário, corrigido para permitir que a meta seja cumprida. Dessa forma, elaborei mais uma planilha com o valor da meta anual dos 34 até os 49 anos de idade, **atualizando-a a cada ano com a inflação do período e com a taxa de administração.** Em seguida, o valor real depositado é lançado e comparado com a meta corrigida. Esse acompanhamento é apresentado na Figura 4.1.

Nosso plano inicial era economizar R$48.000 por ano (R$4.000 por mês). A meta foi ultrapassada facilmente nos anos iniciais do plano. Com a finalização do pagamento da nossa casa, teríamos mais dinheiro para guardar. Além disso, recebi uma promoção na empresa em que trabalhava e, com essas duas novidades, percebemos que tínhamos uma capacidade de poupança anual muito maior do que os R$48.000. Refizemos a meta com um novo valor, agora de R$130.000

FIGURA 4.1 **ACOMPANHAMENTO DOS VALORES DEPOSITADOS *VERSUS* META ANUAL DE R$48.000**

Acompanhamento da Meta para Independência Financeira				
Idade	Ano	Meta	Meta corrigida com inflação e taxa adm	Valor real depositado
34	2003	R$ 62.000,00	R$ 69.121,32	R$ 87.419,65
35	2004	R$ 118.362,15	R$ 138.502,19	R$ 168.380,44
36	2005	R$ 180.360,51	R$ 218.318,39	R$ 297.541,52
37	2006	R$ 248.558,70	R$ 305.416,75	R$ 479.645,55
38	2007	R$ 323.576,72	R$ 407.627,48	R$ 702.624,09
39	2008	R$ 406.096,54		
40	2009	R$ 496.868,34		
41	2010	R$ 596.717,32		
42	2011	R$ 706.551,20		
43	2012	R$ 827.368,47		
44	2013	R$ 960.267,46		
45	2014	R$ 1.106.456,35		
46	2015	R$ 1.267.264,13		
47	2016	R$ 1.444.152,69		
48	2017	R$ 1.638.730,11		
49	2018	R$ 1.852.765,27		

ao ano e, o mais importante, até os 46 anos de idade, ou seja, três anos antes do plano anterior. Isso foi e tem sido bastante agressivo!

Finalmente, tínhamos um plano que estava sendo seguido e dando bons resultados. Entretanto, o plano elaborado era, de certa forma, uma criação independente e simplória em alguns cálculos. Por exemplo, na questão dos anos posteriores a idade de 75 anos. Não muito tempo depois de tê-lo construído, tivemos a oportunidade de ler o segundo mais importante texto de finanças pessoais, na nossa humilde opinião. Com ele, nosso "planinho" passou do ensino médio para a graduação. Trata-se do artigo intitulado "Quanto posso gastar para perpetuar meu patrimônio?", retirado do jornal *Valor Econômico*, escrito por Ricardo Taboaço, e apresentado a seguir:

Desde que iniciei minha carreira na área de investimentos, há cerca de 20 anos, ouço uma pergunta recorrente: "Quanto posso gastar?" – e suas variantes: "De quanto preciso para me aposentar com tal ida-

de e tanto de renda?", "Com o patrimônio atual, gastando tanto por mês, até que idade consigo me manter?" ou "Quanto posso gastar perpetuando o valor de meu patrimônio?". A preocupação procede e é prudente, como prova uma recente pesquisa americana. Ela mostra que gastos excessivos e perdas financeiras retiraram da lista dos mais ricos 51% das famílias dos Estados Unidos que a freqüentavam duas décadas antes.

Com os parâmetros à mão, qualquer um que opere calculadoras financeiras poderia responder a essas perguntas facilmente. A dificuldade não está na conta, mas na definição dos parâmetros, o que, aliás, talvez seja a maior diferença entre a escola e a vida real. Na escola, aprende-se a resolver problemas com premissas ou parâmetros dados. Na vida real, a maior dificuldade é obter os parâmetros ou definir premissas razoáveis. O problema proposto pelas perguntas anteriores não foge a essa regra. Definir parâmetros de rentabilidade razoáveis para uma carteira de investimentos pelos próximos 20, 30 ou 50 anos é tão difícil quanto prever os gastos familiares nesse mesmo horizonte. Afinal, famílias evoluem, filhos crescem, trabalham e casam, afetando a dinâmica das despesas.

Minha sugestão é abordar a questão como qualquer problema crônico: se não se pode dar uma solução pronta e definitiva, podem-se pelo menos determinar direções a serem seguidas a cada período. Assim, recomendo que, inicialmente, os parâmetros adotados para o cálculo sejam uma estimativa da rentabilidade dos investimentos e os custos anuais atuais ajustados para variações futuras previstas e que, anualmente, ou quando haja alteração significativa, esses parâmetros sejam revistos e os cálculos refeitos.

Há, contudo, outro complicador que ainda não mencionamos e que vem a ser o maior vilão do planejamento patrimonial: ***a inflação****. Apesar de seu nível atual ser bem inferior a seus níveis históricos, em longo prazo, ela ainda pode corroer qualquer riqueza. Para nos prevenir contra isso, nosso cálculo deve considerar rentabilidades reais, ou seja, acima de um índice de inflação como o IPCA, por exemplo.* ***Gastando menos do que a rentabilidade real dos investimentos, perpetua-se o seu patrimônio****.*

No exterior, os especialistas em gestão patrimonial recomendam que os gastos anuais sejam inferiores a 4% do total dos investimentos financeiros. Mantendo-se nesse limite de gastos, a probabilidade de perpetuar o patrimônio é bastante alta, sobretudo se os investimentos financeiros são diversificados e bem administrados.

No Brasil, a situação macroeconômica permite que se dilate a faixa de segurança para algo entre 6 e 8%. A definição do percentual, entre 6% e 8%, depende basicamente da composição da carteira, do nível de risco associado e da volatilidade tolerada. O mais importante é ter em mente que incrementos de risco e volatilidade aumentam a expectativa de retorno, mas também a probabilidade de perdas efetivas, o que comprometeria o projeto de longo prazo.

Definida a faixa de segurança, podemos começar a responder a pergunta do início do artigo multiplicando o montante investido por algo entre 0,06 e 0,08, para encontrarmos o limite máximo de gastos anuais. ***De outro lado, se quisermos saber qual o investimento total necessário para nos aposentarmos com determinada disponibilidade mensal, basta multiplicar essa soma (das despesas mensais) por 12 meses e dividir por um número entre 0,06 e 0,08.*** *De forma bem prática, bastaria multiplicar a despesa média mensal por algo entre 150 e 200 vezes.*

Feito esses cálculos iniciais, três procedimentos devem ser adotados para que seu objetivo seja atingido:

1. ***Responda à pergunta inicial ao menos uma vez por ano.***
2. ***Mantenha seus gastos anuais abaixo de 6% do volume investido.***
3. ***Reavalie periodicamente a alocação dos investimentos financeiros à luz de suas necessidades.***

Lembre-se ainda de que – para fins de planejamento patrimonial – ativos imobilizados como casa de campo, barco, carro etc. são passivos ou incrementos de despesas, e não ativos, como a técnica contábil em geral os trata. Outra dica de planejamento: esteja ciente de que os gastos de hoje corroem o patrimônio e as possibilidades de gastos futuros geometricamente.

Com esse artigo verificamos que, apesar do nosso raciocínio não estar tão fora do proposto, havia um caminho bem mais simples. Por exemplo, pegar as nossas despesas anuais, no caso, R$46.000, e dividir por 4%, chegando-se a R$1.150.000, ou trabalhar com a expectativa das nossas despesas no futuro, os R$6.000 (puro chute, como já comentamos) por mês, ou R$72.000 por ano, que divididos por 4%, fornecem um total de R$1.800.000 (por coincidência ou não, o valor é bem próximo ao nosso cálculo de R$1.872.000).

A cada ano, verificamos nossos gastos e dividimos por 4%, 6%, 7% e 8% para saber o quanto precisamos para "pendurar as chuteiras". A boa notícia é que, quando dividimos os R$46.000 que gastamos atualmente (nossa média) por 8%, chegamos a R$575.000, valor que já ultrapassamos em investimentos (oba!!). Ou seja, para essa rentabilidade anual, podemos nos considerar independentes do dinheiro.

Por outro lado, esses parâmetros podem mudar e as nossas despesas devem receber incrementos à medida que nossos filhos crescem e conforme envelhecemos. Com esse pensamento, continuamos monitorando nossas despesas e a evolução do nosso patrimônio.

E, por fim, o artigo valida que a independência financeira não está ligada a ter um milhão de reais ou mais, e sim à capacidade de se pagar as despesas apenas com os rendimentos dos valores investidos.

E você, leitor, de quanto precisa para ser financeiramente independente?

CAPÍTULO 5
Aprendendo a investir

A partir do momento que sabemos quanto devemos economizar, por quanto tempo e a que taxa de juros fica mais fácil iniciar nossa busca por aplicações financeiras que permitam a realização do plano.

Nossas escolhas de investimentos não foram guiadas, em um primeiro momento, por um plano de independência financeira. Seguimos por um caminho, inicialmente, de poucas escolhas e fomos diversificando nossas opções de investimentos à medida que adquiríamos conhecimento e identificávamos novas alternativas. **Resultado desse processo de "caminhada sem direção": levamos cerca de nove anos para economizar apenas R$75.000. Em compensação, após a elaboração do nosso plano, com a identificação da quantia necessária a ser economizada, conseguimos um patrimônio de R$1 milhão entre cinco e seis anos.**

Apresentamos neste capítulo a trajetória de diversificação dos investimentos e da nossa educação financeira. Procuramos reforçar cada tópico com telas que comprovam as quantias investidas e mencionadas na Tabela 1.1. Por outro lado, precisamos preservar a segurança dos nossos investimentos e, assim, as telas sofreram alterações para conciliar estes dois objetivos: demonstrar as quantias aplicadas por opção de investimento e limitar a visualização de dados por segurança.

Mais uma vez, esperamos que o leitor possa usufruir dessas informações, comparando-as com suas escolhas. Dessa comparação, torcemos para que surja um plano que aumente as suas rentabilidades.

5.1. O começo

Caderneta de poupança e fundos de renda fixa – estas foram as nossas opções de investimento durante anos. Não tínhamos muito conhecimento sobre os cuidados e a importância de se escolher uma boa alternativa de aplicação financeira. Muito menos sabíamos, ou imaginávamos, o impacto dos juros compostos no longo prazo. E, assim, acreditávamos nos conselhos dos gerentes dos bancos onde tínhamos as nossas contas. Informações básicas sobre o rendimento da aplicação, o risco e as taxas existentes não recebiam a merecida atenção.

Aos poucos, fomos percebendo a importância de "gerenciar" as nossas aplicações, buscando melhores rentabilidades e tomando cuidado com as taxas (principalmente a de administração) que não eram declaradas com a ênfase que acreditamos ser necessária. Esse desenvolvimento aconteceu à medida que procurávamos nos educar financeiramente, através de notícias na televisão, artigos em jornais, internet e livros. Percebemos que, apesar de toda propaganda recebida em nossa casa, o gerente do banco é, antes de tudo, um funcionário do banco e, como tal, tem suas metas para cumprir e um chefe a obedecer. Mais claramente: o objetivo do gerente do banco é fornecer lucro para o banco, e não para o aplicador. Isso nos parece óbvio hoje em dia, mas as implicações dessa realidade ainda são ignoradas por uma grande parcela dos pequenos investidores. Temos essa percepção graças aos comentários de familiares, amigos e colegas de trabalho sobre as suas escolhas de investimento. Normalmente, começam com: "Meu gerente indicou...".

Atualmente, consideramos que os gerentes das nossas contas não são nossos amigos. Não acreditamos nas propostas ou sugestões de investimentos apresentadas. Travamos boas batalhas quando eles nos procuram para "aplicar" aquele dinheirinho que está parado em conta corrente. Quando recebo um e-mail ou telefonema da minha gerente, muito educada, muito solícita, fico só aguardando a proposta, ou melhor, o "golpe". Os fundos de renda fixa, renda variável, cambiais e multimercado têm nomes bonitos, mas geralmente carregam altas taxas de administração e performance para valores de aplicação não tão baixos. Fiz um teste recentemente: sabia que teria cerca de R$100.000 na conta corrente e solicitei a minha gerente uma alternativa de investimento em renda fixa e longo prazo, cujo rendimento (descontada a taxa de administração) fosse superior a um determinado percentual. Sua resposta foi que não tinha um produto que atingisse aquela rentabilidade e me ofereceu alternativas, mas envolvendo renda variável. Na verdade, eu tinha escolhido a taxa de rentabilidade de um título do Tesouro Direto.

Também já apresentamos os nossos investimentos para serem avaliados pelos analistas do banco onde temos conta corrente. Esperávamos obter opções que aumentassem os nossos ganhos. Obtivemos como resposta que, apesar da quantia investida, nossos investimentos tinham baixa liquidez. Ou seja, seu resgate não era muito rápido, em caso de qualquer eventualidade. Analisamos essa percepção e ela estava correta, mas como não tínhamos vivenciado situação alguma de emergência até então. Preferimos mantê-los sem nenhuma alteração.

Nunca recebemos de qualquer gerente de banco a informação e a explicação sobre o efeito "come cotas" e o impacto do mesmo sobre os rendimentos das nossas aplicações em renda fixa de longo prazo. Como considerá-lo nosso amigo? O efeito "come cotas", na verdade, é a tributação semestral (já foi mensal – até 2005!) do imposto de renda nos fundos de renda fixa. Na prática, o investidor de um fundo de renda fixa que possui o "come cotas" terá uma rentabilidade menor, se comparado a um investimento cuja tributação do IR aconteça apenas no momento do resgate (como os títulos do Tesouro Direto e a Previdência Privada tipo PGBL, por exemplo).

E, assim, com as novas informações garimpadas e descrentes da ajuda dos gerentes de banco direcionávamos, e direcionamos, nosso dinheiro para investimentos com melhores rentabilidades e menores taxas bancárias. É um processo que exige atenção em relação às novidades do mercado financeiro.

Comentamos, a seguir, nossa primeira iniciativa diferente da caderneta de poupança e dos fundos de renda fixa. Essa descrição representa, exatamente, como migramos e diversificamos os investimentos com o passar dos anos.

5.2. A Previdência Privada (PGBL)

Tivemos interesse pela alternativa da previdência privada ou aposentadoria complementar em 1999. Lembro de ter ido até uma agência de um grande banco público e solicitado algumas informações. O gerente perguntou a minha idade, sugeriu um valor de contribuição mensal e simulou um plano. Comentou que se eu depositasse aquele valor mensalmente, a uma taxa de x%, receberia determinado montante aos 65 anos de idade. Anotei todas as informações, agradeci a ajuda, e falei que ia pensar no assunto. Ao chegar em casa, fui até o computador e, com a ajuda do Excel e das fórmulas de matemática financeira, simulei um plano com os mesmos dados fornecidos pelo gerente, mas no caso, presumindo que metodicamente investiríamos a quantia mensal e ela renderia a mesma taxa especificada pelo gerente. Espantei-me com o resultado: o valor final da planilha era, consideravelmente, maior do que aquele informado pelo gerente do banco. Verifiquei a planilha, as fórmulas, os dados utilizados, mas estava tudo, aparentemente, correto. Voltei no dia seguinte ao banco e falei com o mesmo gerente. Comentei que se eu fizesse uma poupança particular, meu resultado seria maior do que o plano de previdência sugerido por ele e gostaria de entender o porquê. A princípio ele disse que eu deveria ter me enganado com algum valor ou cálculo. Mostrei a planilha com os dados destacados e expliquei meu procedimento. Após um pouco de insistência da minha parte em querer entender o motivo da diferença, ele finalmente concordou que eu estava certo e explicou que nas minhas contas não eram debitadas as taxas de administração e de carregamento que o PGBL possuía. Foi nesse momento que, após comentar o ocorrido com a Regina, começamos a nos preocupar com as taxas de 1%, 2%, 3% cobradas pelos bancos. Minha questão seguinte para o gerente foi: "Então qual é a vantagem em se ter um plano de previdência privada?" E a resposta foi: "Veja, as pessoas não têm o hábito de poupar metodicamente e, assim, o plano é uma forma de garantir isso, através de 'cobranças periódicas'." Retornei para casa desiludido e decidido a não optar por essa modalidade de investimento.

Não passou muito tempo e ficamos sabendo da possibilidade de deduzir do IR as contribuições feitas em produtos de previdência privada até o limite de 12% da renda bruta tributável do participante. Achando isso uma grande vantagem, sem nenhuma verificação, iniciamos as nossas aplicações em PGBL em 2000. Não fizemos cálculo algum, pois não sabíamos verificar o impacto da redução do IR e confesso que tivemos preguiça em aprender. Hoje, basta acessar a internet e escolher um simulador, como, por exemplo, o oferecido pelo site www.proteste.org.br (http://www.proteste.org.br/default.aspx?show=160646&src=439311). Foi o mesmo utilizado para verificar a economia em IR para um salário mensal de R$4.300. A Figura 5.1 apresenta os resultados.

Constatamos uma economia no IR de R$1.702,80, quando aplicamos R$6.192 (limite de 12% da contribuição anual, válida apenas para quem utiliza o modelo completo da declaração de IR) no PGBL.

FIGURA 5.1 **EXEMPLO DE CÁLCULO DE ECONOMIA DE IR COM PGBL**

Como fica meu Imposto de Renda com PGBL?

▸ RESULTADOS DO CÁLCULO

Renda bruta mensal		**R$ 4.300,00**
Com o PGBL você economiza no imposto de renda:		**R$ 1.702,80**
	Sem PGBL	**Com PGBL**
Renda Bruta Anual	**R$ 51.600,00**	**R$ 51.600,00**
INSS anual (11%)	**R$ 3.698,40**	**R$ 3.698,40**
Contribuição PGBL	-	**R$ 6.192,00**
Nova base de cálculo	**R$ 47.901,60**	**R$ 41.709,60**
Imposto de renda (alíquota s/ PGBL 27,5% e c/ PGBL 27,5%)	**R$ 7.179,21**	**R$ 5.476,41**
Imposto de renda economizado		**R$ 1.702,80**
Renda Líquida	**R$ 40.722,39**	**R$ 36.233,19**

Obs: Mesmo que você deposite mais do que o equivalente a 12% de sua renda anual bruta, seu benefício fiscal não será maior.
Esta simulação só é válida para contribuinte do INSS.

A força do PGBL está na possibilidade de se aplicar, além da contribuição normal, a economia de IR que temos ao escolher essa modalidade de investimento. Dessa forma, podemos para o exemplo da Figura 5.1, aplicar a soma de R$6.192 e mais os R$1.702,80. E escolhendo-se um plano com baixas taxas de administração e de carregamento, esse investimento torna-se muito atraente.

Sabíamos da existência das taxas de administração e de carregamento, mas, acomodados, não pensamos que elas poderiam variar entre as instituições bancárias. Assim, contratamos nossos planos de previdência complementar no banco onde eu possuía conta corrente. Escolhemos o plano PGBL conservador (100% em renda fixa) com rendimento de 6% a.a., mais a atualização da inflação pelo IGP-M. A taxa de carregamento era de 5% sobre o valor aportado (não sobre o rendimento!) e a taxa de administração de 3% a.a. Em outras palavras, um roubo legalizado. Mas ignorância e preguiça têm o seu preço! Transferi, recentemente, o plano de um banco para outro, aproveitando o benefício da portabilidade. Atualmente, a taxa de carregamento também é de 5% (muito alta), a taxa de administração é de 2,2% a.a. e a última rentabilidade anual sem taxas, mas com a inflação foi de 9,8%. Temos o valor de R$60.019,87 aplicados em previdência privada (ver PGBL – Banco 1 da Tabela 1.2). Faremos em breve uma pesquisa para encontrar um plano com menores taxas e melhores rentabilidades.

Outra boa oportunidade de investimento em previdência privada é oferecida como benefício por grandes empresas. No meu emprego mais recente, a empresa contribuía com o limite de 6% do meu salário

FIGURA 5.2 **PGBL REGINA**

Dados do Participante

Nome: REGINA MITSUE TESINA
Produto: [ ] Plano: [ ]
Situação: ATIVO
Idade de Saída: 65 anos — Data do Próximo Vencimento: 01/12/2007
Tipo de tributação: COMPENSAVEL — Data da opção: 11/10/2006

R$ 0,00 R$ 0,00

Saldos

Saldo do Fundo		
02-0123 (detalhar saldo)	RENDA TEMPORARIA	R$ 25.401,02

FIGURA 5.3 **PGBL MARCO**

Consultas e Extratos > Consulta a Saldo

Dados do Participante				
	Nome:	MARCO AURELIO GUIA FALCONE		
	Produto:		**Plano:**	
	Situação:	ATIVO		
	Idade de Saída:	65 anos	**Data do Próximo Vencimento:**	04/12/2007
	Tipo de tributação:	COMPENSAVEL	**Data da opção:**	29/09/2006

R$ 0,00 R$ 0,00

Saldos	Saldo do Fundo		
	02-0123 (detalhar saldo)	RENDA TEMPORARIA	R$ 34.618,85

para cada aplicação que eu fizesse. Exemplificando: se eu depositasse até 6% do meu salário no plano, a empresa depositava também a mesma quantia. Para valores superiores a 6% depositados por mim, a empresa se limitava aos 6%. Trabalhei com esse limite e, a cada mês, eu tinha uma rentabilidade mínima de 100% (o depósito feito pela empresa). Isso é um ótimo investimento! Para eu poder resgatar a parte da empresa, deveria trabalhar lá durante, pelo menos, cinco anos, ou ser demitido sem justa causa. Regina tem um plano similar. O valor de R$70.186,82 (ver PGBL Banco 2 da Tabela 1.2) refere-se à soma desses planos oferecidos pelas empresas. Observação: não considero a parte da empresa no plano da Regina, pois, no caso dela, o valor só será liberado caso ela se aposente pela empresa.

Com essas opções (os PGBLs empresariais), direcionamos os nossos saldos a aplicar para outros investimentos que são descritos a seguir e, novamente, em ordem cronológica.

FIGURA 5.4 **PGBL EMPRESARIAL REGINA**

Associado: REGINA MITSUE TESIMA **Matrícula:**

Extrato de Contribuições CD			
		Cotas	Valor
Participante	CONTRIBUICAO NORMAL/BASICA	4.614,99293853	28.000,32
	CONTRIBUICAO ADICIONAL	0,02195134	0,13
	SUBTOTAL	4.615,01488987	28.000,45

Valores de Eventual Restituição	
Valor Bruto:	28.000,45
Despesas Administrativas:	0,00
Valor do IRF:	4.200,07
Empréstimo:	0,00
Valor Líquido a Receber:	23.800,38

FIGURA 5.5 **PGBL EMPRESARIAL MARCO**

Nome: MARCO AURELIO GUIA FALCONE
Plano: Plano I / Renda Total Empresarial Corporate PGBL Nº de Matrícula:

Consultas | Alterações | Transações

Meus Planos: Plano I Renda Total Empresarial Corporate PGBL

Início > Saldo Consolidado

Confira na tabela abaixo o saldo consolidado de seu plano

Saldo de Reserva

Nome do Plano	Matrícula	Opção Tributação	Data de Aquisição	Data de Atualização*	Saldo
Plano I Renda Total Empresarial Corporate PGBL		Progressiva Compensável	08/10/2001	08/11/2007	R$ 46.386,44
SALDO CONSOLIDADO					R$ 46.386,44

* Data da última atualização do sistema.

5.3. Compra de ações da Petrobras

No mesmo ano, 2000, o governo possibilitou a compra de ações da Petrobras, com a utilização de parte do saldo do FGTS ou de recursos próprios. Havia um deságio (tipo de desconto) no valor de 20%. Essa foi a nossa primeira investida no mercado de renda variável. Compramos as ações da Petrobras com recursos próprios, sem utilizar o saldo do FGTS, pois ele estava muito baixo, e tivemos uma boa valorização no período que as mantivemos conosco. Com esse estímulo, decidimos em 2001 adquirir algumas ações do Bradesco. Na época, sem conhecimento algum e apenas motivados pelo sucesso da compra das ações da Petrobras, consideramos duas informações: banco dá lucro todo ano no Brasil (e sempre superior ao do ano anterior) e, além disso, tínhamos conta no Bradesco. Hoje, podemos nos avaliar como loucos naquele momento, pois essas informações não justificam a aplicação em uma modalidade de investimento que apresenta risco elevado de perda financeira.

Até 2002 nossas aplicações estavam diversificadas em: caderneta de poupança, fundos de renda fixa, previdência privada e ações da Petrobras e do Bradesco. Mas uma nova modalidade estava prestes a nos conquistar: o Tesouro Direto.

5.4. Tesouro Direto

Estávamos em casa assistindo ao Fantástico (Rede Globo) quando escutamos que haveria uma reportagem sobre o Tesouro Direto, uma forma de investimento criada pelo governo. Regina e eu nos olhamos e gostamos do nome que é bastante chamativo – "Tesouro Direto". Acompanhamos a reportagem com bastante atenção e na segunda-feira iniciei uma pesquisa detalhada. Fui ao site do Tesouro Direto (http://www.stn.fazenda.gov.br/tesouro_direto/), "baixei" e li os manuais disponíveis: *Manual do Investidor do Tesouro Direto* e *Metodologia de Cálculo dos Títulos Públicos Ofertados no Tesouro Direto*. Era final de 2002 ou início de 2003. Tínhamos à disposição a possibilidade de comprar títulos públicos, os mesmos comprados pelos bancos e transformados em fundos de renda fixa, diretamente do governo, sem (ou quase) a participação dos bancos. E com baixas taxas, a de custódia CBLC de 0,4% a.a. sobre o valor de compra dos títulos e mais a taxa de manutenção, também anual, de 0,4% ou 0,5%, dependendo do banco escolhido. Na época, apenas o Banco do Brasil e a Caixa Econômica Federal eram as instituições financeiras habilitadas a operar no Tesouro Direto.

Convencidos de que se tratava de uma ótima alternativa de investimento em renda fixa, decidimos pelo nosso cadastro para poder iniciar a compra dos títulos. Com essa ação e pelo que experimentamos, o nosso sentimento de apreço pelos gerentes de banco extrapolou todos os limites. As duas instituições oficiais desconheciam o assunto Tesouro Direto. E não se tratava de negar, deliberadamente, informações sobre um investimento que competia diretamente e com larga vantagem sobre os produtos ofertados por aqueles bancos. Os gerentes, simplesmente, não sabiam do que eu estava falando. Isso sempre aconteceu conosco: bastava fugir do "arroz com feijão" (depósitos, pagamento de contas e abertura de conta corrente e poupança) que tínhamos problemas. Qualquer assunto diferente dos já citados exigia um prazo para levantamento de informações. No primeiro banco, após algumas tentativas malsucedidas, decidi contatar o Tesouro Nacional (por e-mail) e solicitar ajuda. Com a intermediação do Tesouro Nacional, diretamente com o gerente da agência do banco em questão, foi possível efetivar o meu cadastro. Repeti o mesmo processo para cadastrar a Regina no segundo banco, pois ela era correntista lá. Mais experiente e "vacinado", não achei estranho a gerente da conta dela não entender o que eu desejava. Como o caminho das pedras já tinha sido trilhado, foi possível cadastrar a Regina mais rapidamente. Estávamos em maio de 2003 (ver Figura 5.6) e o Tesouro Direto foi a escolha preferencial para os nossos investimentos, a partir de então.

FIGURA 5.6 **DADOS CADASTRAIS DE REGINA E MARCO NO TESOURO DIRETO**

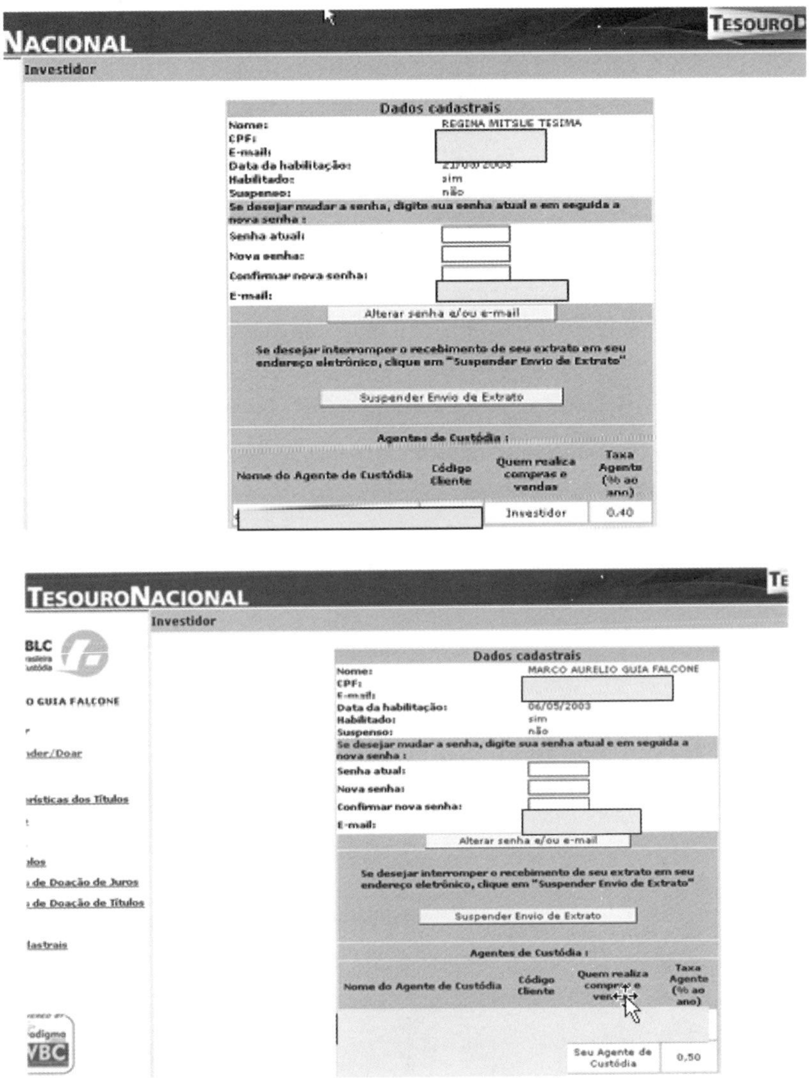

De acordo com a Tabela 1.2, informamos o saldo das aplicações em títulos no valor de R$153.514. Esse valor só não é maior, pois compramos nossa casa em 2002 e tínhamos pouco para poupar no período em que os títulos públicos receberam fortemente nossa atenção.

Compramos títulos priorizando o longo prazo e que combinam rentabilidade fixa e atualização pela inflação, apesar de termos outras modalidades. Apresentamos a distribuição dos títulos que possuímos na Figura 5.7:

FIGURA 5.7 **DISTRIBUIÇÃO DOS NOSSOS TÍTULOS DO TESOURO DIRETO POR TIPO E QUANTIDADE**

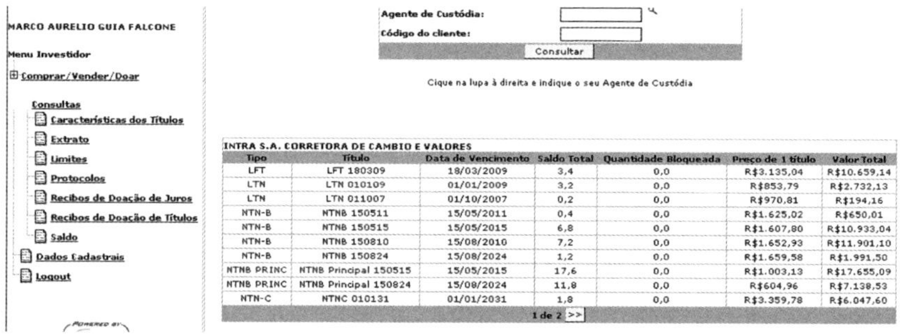

MARCO AURELIO GUIA FALCONE

Menu Investidor

- Comprar/Vender/Doar
- Consultas
  - Características dos Títulos
  - Extrato
  - Limites
  - Protocolos
  - Recibos de Doação de Juros
  - Recibos de Doação de Títulos
  - Saldo
- Dados Cadastrais
- Logout

Agente de Custódia:

Código do cliente:

Consultar

Cique na lupa à direita e indique o seu Agente de Custódia

INTRA S.A. CORRETORA DE CAMBIO E VALORES

Tipo	Título	Data de Vencimento	Saldo Total	Quantidade Bloqueada	Preço de 1 título	Valor Total
LFT	LFT 180309	18/03/2009	3,4	0,0	R$3.135,04	R$10.659,14
LTN	LTN 010109	01/01/2009	3,2	0,0	R$853,79	R$2.732,13
LTN	LTN 011007	01/10/2007	0,2	0,0	R$970,81	R$194,16
NTN-B	NTNB 150511	15/05/2011	0,4	0,0	R$1.625,02	R$650,01
NTN-B	NTNB 150515	15/05/2015	6,8	0,0	R$1.607,80	R$10.933,04
NTN-B	NTNB 150810	15/08/2010	7,2	0,0	R$1.652,93	R$11.901,10
NTN-B	NTNB 150824	15/08/2024	1,2	0,0	R$1.659,58	R$1.991,50
NTNB PRINC	NTNB Principal 150515	15/05/2015	17,6	0,0	R$1.003,13	R$17.655,09
NTNB PRINC	NTNB Principal 150824	15/08/2024	11,8	0,0	R$604,96	R$7.138,53
NTN-C	NTNC 010131	01/01/2031	1,8	0,0	R$3.359,78	R$6.047,60

1 de 2 >>

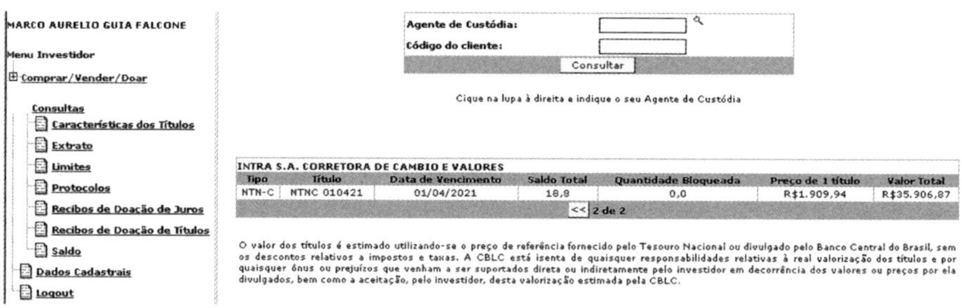

MARCO AURELIO GUIA FALCONE

Menu Investidor

- Comprar/Vender/Doar
- Consultas
  - Características dos Títulos
  - Extrato
  - Limites
  - Protocolos
  - Recibos de Doação de Juros
  - Recibos de Doação de Títulos
  - Saldo
- Dados Cadastrais
- Logout

Agente de Custódia:

Código do cliente:

Consultar

Cique na lupa à direita e indique o seu Agente de Custódia

INTRA S.A. CORRETORA DE CAMBIO E VALORES

Tipo	Título	Data de Vencimento	Saldo Total	Quantidade Bloqueada	Preço de 1 título	Valor Total
NTN-C	NTNC 010421	01/04/2021	18,8	0,0	R$1.909,94	R$35.906,87

<< 2 de 2

O valor dos títulos é estimado utilizando-se o preço de referência fornecido pelo Tesouro Nacional ou divulgado pelo Banco Central do Brasil, sem os descontos relativos a impostos e taxas. A CBLC está isenta de quaisquer responsabilidades relativas à real valorização dos títulos e por quaisquer ônus ou prejuízos que venham a ser suportados direta ou indiretamente pelo investidor em decorrência dos valores ou preços por ela divulgados, bem como a aceitação, pelo investidor, desta valorização estimada pela CBLC.

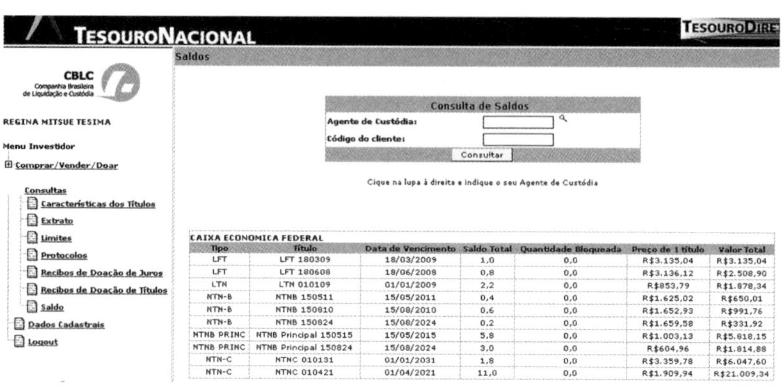

TESOURONACIONAL

Saldos

CBLC Companhia Brasileira de Liquidação e Custódia

REGINA MITSUE TESIMA

Menu Investidor

- Comprar/Vender/Doar
- Consultas
  - Características dos Títulos
  - Extrato
  - Limites
  - Protocolos
  - Recibos de Doação de Juros
  - Recibos de Doação de Títulos
  - Saldo
- Dados Cadastrais
- Logout

Consulta de Saldos

Agente de Custódia:

Código do cliente:

Consultar

Cique na lupa à direita e indique o seu Agente de Custódia

CAIXA ECONOMICA FEDERAL

Tipo	Título	Data de Vencimento	Saldo Total	Quantidade Bloqueada	Preço de 1 título	Valor Total
LFT	LFT 180309	18/03/2009	1,0	0,0	R$3.135,04	R$3.135,04
LFT	LFT 180608	18/06/2008	0,8	0,0	R$3.136,12	R$2.508,90
LTN	LTN 010109	01/01/2009	2,2	0,0	R$853,79	R$1.878,34
NTN-B	NTNB 150511	15/05/2011	0,4	0,0	R$1.625,02	R$650,01
NTN-B	NTNB 150810	15/08/2010	0,6	0,0	R$1.652,93	R$991,76
NTN-B	NTNB 150824	15/08/2024	0,2	0,0	R$1.659,58	R$331,92
NTNB PRINC	NTNB Principal 150515	15/05/2015	5,8	0,0	R$1.003,13	R$5.818,15
NTNB PRINC	NTNB Principal 150824	15/08/2024	3,0	0,0	R$604,96	R$1.814,88
NTN-C	NTNC 010131	01/01/2031	1,8	0,0	R$3.359,78	R$6.047,60
NTN-C	NTNC 010421	01/04/2021	11,0	0,0	R$1.909,94	R$21.009,34

Como começamos a comprar em 2003, temos títulos com rentabilidade variando entre 7,95% e 10,00% a.a. + IPCA ou IGP-M e vencimentos entre 2015 e 2031. Temos também títulos atrelados à Selic variando de 19,74% até 11,25% (atual) com vencimento para 2009.

Pegamos um grupo de títulos que vencem em 2015 e fizemos uma simulação (através do simulador encontrado no site do próprio Tesouro Direto) para verificar o valor futuro desses títulos no vencimento. O resultado foi, ou será, um ganho de 152% sobre o valor aplicado entre 2004 e 2007. Resgataremos, livres de todos os impostos, inclusive do IR, um valor de R$65.198,31 pela aplicação total de R$25.915,36. Informações sobre tipos dos títulos, quantidades e taxas negociadas, entre outras, são encontradas na Tabela 5.1.

TABELA 5.1 **SIMULAÇÃO DO VALOR A SER RESGATADO EM 2015**

Tipo	Data de Vencimento	Saldo Total	Preço de 1 Título	Valor Total	Data de Compra	Taxa Negociada	Indexador	Valor líquido vencimento
NTNB	15/5/2015	0,2	1.206,02	241,20	30/4/2004	8,52	IPCA	463,09
NTNB	15/5/2015	5,4	1.194,77	6.451,76	5/4/2004	8,52	IPCA	15.381,36
NTNB	15/5/2015	1,2	1.163,55	1.396,26	5/2/2004	8,55	IPCA	3.393,25
NTNB P	15/5/2015	5,2	685,39	3.564,03	16/6/2006	10,00	IPCA	10.008,12
NTNB P	15/5/2015	12,0	694,87	8.338,44	16/6/2006	9,83	IPCA	23.109,21
NTNB P	15/5/2015	0,4	1.008,18	403,27	6/7/2007	6,51	IPCA	784,97
NTNB P	15/5/2015	0,6	901,84	541,10	16/3/2007	7,58	IPCA	1.168,61
NTNB P	15/5/2015	5,6	889,16	4.979,30	2/3/2007	7,70	IPCA	10.889,70
			TOTAL 1 =	25.915,36			TOTAL 2 =	65.198,31
								152%

As taxas mais recentes são menores, conforme os dados da Figura 5.8 (extraído do Tesouro Direto em 31/10/2007):

FIGURA 5.8 **TÍTULOS OFERTADOS PELO TESOURO DIRETO EM 31/10/2007**

Tipo	Título	Data de Vencimento	Indexador	Taxa de Juros (% ao ano)
LFT	LFT 160311	16/03/2011	SELIC	-0,01%
LFT	LFT 070313	07/03/2013	SELIC	-0,01%
LTN	LTN 010708	01/07/2008	prefixado	11,26%
LTN	LTN 011008	01/10/2008	prefixado	11,34%
LTN	LTN 010109	01/01/2009	prefixado	11,41%
LTN	LTN 010709	01/07/2009	prefixado	11,60%
LTN	LTN 011009	01/10/2009	prefixado	11,61%
LTN	LTN 010110	01/01/2010	prefixado	11,63%
NTN-B	NTNB 150509	15/05/2009	IPCA	7,21%
NTN-B	NTNB 150810	15/08/2010	IPCA	7,21%
NTN-B	NTNB 150511	15/05/2011	IPCA	7,21%
NTN-B	NTNB 150812	15/08/2012	IPCA	7,21%
NTN-B	NTNB 150515	15/05/2015	IPCA	7,12%
NTN-B	NTNB 150517	15/05/2017	IPCA	7,08%
NTN-B	NTNB 150824	15/08/2024	IPCA	6,56%
NTN-B	NTNB 150535	15/05/2035	IPCA	6,43%
NTN-B	NTNB 150545	15/05/2045	IPCA	6,35%
NTNB PRINC	NTNB Principal 150515	15/05/2015	IPCA	7,11%
NTNB PRINC	NTNB Principal 150824	15/08/2024	IPCA	6,36%
NTN-F	NTNF 010110	01/01/2010	prefixado	11,63%
NTN-F	NTNF 010710	01/07/2010	prefixado	11,69%
NTN-F	NTNF 010111	01/01/2011	prefixado	11,79%
NTN-F	NTNF 010112	01/01/2012	prefixado	11,78%
NTN-F	NTNF 010113	01/01/2013	prefixado	11,82%
NTN-F	NTNF 010114	01/01/2014	prefixado	11,87%
NTN-F	NTNF 010117	01/01/2017	prefixado	11,93%

Não são valores tão bons quanto aqueles do passado, mas para a renda fixa (e competindo com os produtos dos bancos na mesma modalidade) continua sendo uma ótima alternativa.

A revista *Istoé Dinheiro*, vol. 10, nº 485 de 10/01/2007, pg. 62 apresenta algumas corretagens cobradas por instituição na aplicação de R$5.000 em uma LTN com vencimento em 01/01/2009:

Instituição	Corretagem
Socopa	não cobra
Ágora	0,23% a.a
Fator	0,25% a.a
HSBC	0,33% a.a
Banco Real	0,40% a.a
CEF	0,40% a.a
BB	0,50% a.a
Itaú Personnalitè	3% a.a + R$25,21
Bradesco	4% a.a + R$25
Itaú	4% a.a + R$25

Assim, se tivéssemos aplicado o dinheiro, através da Socopa, o retorno líquido do investimento, conforme a reportagem, seria de 10,4%. E no outro extremo, via Banco Itaú, apenas 6,54%. "Uma perda de quase 4% de rentabilidade, graças às taxas cobradas pela instituição", conclui a reportagem. Dessa forma, é importantíssimo pesquisar as instituições em busca de taxas menores.

Como qualquer investimento em renda fixa, também apresenta risco (baixo, por sinal, mas existe). Estava na empresa onde trabalhava e comentava-se sobre o Tesouro Direto. Brincaram em relação a mim, pois sabiam que eu aplicava com certa freqüência. Um dos colegas comentou: "Do jeito que vai a dívida interna, talvez o governo não honre o pagamento desses papéis." Fiquei com a pulga atrás da orelha e procurei uma segunda opinião. Enviei um e-mail para o jornalista e economista Cláudio Gradilone, que publica comentários sobre investimentos e finanças no Blog do Investidor do portal Exame (http://portalexame.abril.com.br/blogs/gradilone/). Segue, na íntegra, o comentário dele no blog:

O leitor pergunta: E se houver um calote na dívida pública?

O leitor Marco Falcone me enviou duas perguntas por e-mail sobre a solvência da dívida pública. Prezado Marco, achei suas perguntas muito pertinentes, por isso tomei a liberdade de respondê-las aqui. Obrigado pela leitura!

A primeira pergunta foi: Qual a possibilidade de o governo Lula não honrar os títulos da dívida interna, dívida esta que supera um trilhão de reais (ou R$1.000.000.000.000,00)?

Eu acho que essa probabilidade sempre existe, mas é estatisticamente desprezível, algo como 0,1%. Dá para dizer isso por dois motivos. O primeiro é que um presidente já fez isso, em 1990, e o sr. Fernando Collor de Mello não só não acabou com seu mandato como também ficou 14 anos fora da vida política. E o companheiro-presidente não é besta, e sabe muito bem disso.

O segundo motivo é que, supondo-se um pouco provável cenário em que a desconfiança sobre o governo seja tanta que ninguém queira comprar os títulos públicos, não é preciso dar um calote no sentido clássico do termo. O mais provável – e volto a dizer que esse cenário é muito improvável – é que o governo simplesmente imprima um trilhão de reais em dinheiro e pague quem tem os títulos. Isso geraria, instantaneamente, uma inflação mastodôntica, mas não seria um calote no sentido clássico. Você receberá seu dinheiro direitinho. Agora, se vai conseguir comprar alguma coisa com ele, aí já é outra história...

A segunda pergunta foi: Qual o impacto para quem comprou títulos de longo prazo no Tesouro Direto?

Vamos voltar para a pouco provável situação-limite da pergunta 1. Se ninguém mais quiser comprar os títulos da dívida pública, o governo terá de pagá-los em dinheiro à medida que forem vencendo. Como isso vai forçar a emissão de muito dinheiro, a inflação vai subir.

Os títulos de longo prazo indexados à inflação – como as NTN-B e NTN-C – deverão ser uma boa proteção nesse caso, pois o investidor vai receber seu dinheiro corrigido por um índice de inflação, mais juros.

No caso dos títulos não indexados à inflação, mas pós-fixados, como as LFT, a proteção é menos eficiente, mas também vai existir. Esses títulos pagam juros de mercado, e as taxas de juros embutem uma projeção de inflação.

Os títulos prefixados, como as LTN e as NTN prefixadas serão os mais prejudicados, pois a remuneração que o investidor receberá não vai englobar o aumento previsto dos índices de inflação.

Mas, de novo: se você tiver títulos da dívida pública, pode dormir tranqüilo. A hipótese de um calote é muito, mas muito remota.

Publicado em 26/10/2006 – 10:22

Com essa segunda opinião e otimistas no longo prazo, aguardamos, pacientemente, o vencimento dos títulos adquiridos. Afinal de contas, um planejamento financeiro de longo prazo assume como verdade que o mundo não se acabará!

Comentei em sala de aula sobre a importância de se poupar e de se aprender a investir. Fiquei surpreso ao perceber a falta de conhecimento sobre essa alternativa (o Tesouro Direto). Estou falando de jovens universitários, de uma universidade privada e de primeira linha, de um grande centro urbano que, entre outros eventos, recebe a Expo Money desde 2006, com a presença e a divulgação permanente dessa modalidade de "poupança". O lado positivo foi que eles gostaram, também buscaram mais informações e alguns já estão aplicando.

O ano 2003 foi marcado pelo domínio do Tesouro Direto. O mesmo se repetiu para 2004, mas com uma diferença que mudaria completamente nosso foco de investimento, até então, preponderantemente concentrado em renda fixa. Estimulados pela compra das ações da Petrobras e do Bradesco e conscientes da nossa falta de conhecimento do mercado de ações, decidimos em 2004 diversificar um pouco com a alternativa dos fundos de ações. A Bovespa já aparecia com mais freqüência na mídia, estávamos um pouco mais educados financeiramente e fomos atraídos pelo "canto da sereia".

5.5. Fundos de ações e *homebroker* (a caixa de Pandora estava aberta!)

Novamente, estimulados pelas orientações de Mauro Halfeld, decidimos, em 2004, diversificar nossos investimentos e iniciar as aplicações em renda variável. Apesar das iniciativas com as ações da Petrobras e do Bradesco, preferimos uma forma mais "segura" de atuação nesse novo mercado e optamos pelos fundos de ações, justamente por não termos conhecimento sobre compra e venda direta de ações. Escolhi dois fundos ofertados pelo banco onde tinha conta corrente, após pesquisar e identificar quais ações de empresas eram consideradas por eles. Paralelamente, iniciei minha busca por conhecimento "financeiro", agora no tópico "ações". Entrei no site da Bovespa (www.bovespa.com.br), do Instituto Nacional de Investidores (INI – www.ini.org.br) e do Investshop (www.investshop.com.br) e comecei a ler sobre o assunto. Uma pasta Z repleta de "artigos" impressos foi o resultado dessa busca por informação. Mas tudo básico para entender aquele novo idioma: ações ON, PN, Ex, dividendos, subscrição, *day trade*, *after market*, e por aí afora. Não dá para queimar etapas em um tipo de investimento que pode possibilitar tanto bons ganhos como "boas" perdas. Além da leitura, treinei também com o Folhainvest, um simulador do mercado de ações, no qual você recebe uma quantia fictícia e inicia sua carteira de ações, como se estivesse, realmente, operando no mercado.

Ainda em 2004, a empresa onde eu trabalhava decidiu mudar de banco e o novo trouxe consigo, entre outras coisas, a possibilidade de se utilizar o *homebroker* que eu já sabia o que significava, graças à pesquisa feita. Regina e eu tínhamos à nossa disposição a ferramenta que possibilitava a compra e venda direta de ações. O *homebroker* era de fácil utilização e, seguindo as dicas de ações já analisadas pelos especialistas do banco, começamos a "arriscar", montando a nossa carteira.

Temos duas fases com o *homebroker*: a primeira, utilizando o do banco, e a segunda, quando migramos do banco para uma corretora. Essa segunda fase é descrita em um capítulo próprio.

Na primeira fase, estávamos em maio de 2005 e a primeira ação adquirida foi a da Braskem no valor total de R$2.683,92. Terminamos 2005 com o valor investido de R$18.786,50.

Durante o ano de 2005 participei de um simulado no mercado de ações, conduzido pela Universidade onde, atualmente, ministro aulas para a graduação. Obtive o terceiro lugar com direito a um curso patrocinado por uma corretora e também a uma visita à Expo

Money, em São Paulo (infelizmente não pude ir). Aproveito para mencionar que existe muito material de ótima qualidade sobre finanças pessoais e investimentos (inclusive em ações) disponível no site da Expo Money (www.expomoney.com.br). Naquele mesmo ano participei, também, de um curso sobre análise fundamentalista promovido por um colega do trabalho que já há algum tempo operava com ações. E, finalizando minha educação financeira naquele ano, li o livro *Axiomas de Zurich*, de Max Gunther (Editora Record). O autor apresenta 12 axiomas que descrevo e que devem ser seguidos, conforme o livro, para maximizar a rentabilidade:

1. Do Risco: Preocupação não é doença, mas sinal de saúde. Se você não está preocupado, não está arriscando o bastante. E dentro deste mais duas "recomendações": Só aposte o que valer a pena. Lembre-se: apostas pequenas, ganhos pequenos!"; Resista à tentação das diversificações. Você minimiza suas perdas, mas também os seus ganhos.
2. Da Ganância: Realize o lucro sempre cedo demais. E dentro deste: Entre no negócio sabendo quanto quer ganhar; quando chegar lá, caia fora.
3. Da Esperança: Quando o barco começar a afundar, não reze. Abandone-o.
4. Das Previsões: No mundo do dinheiro, um mundo moldado pelo comportamento humano, ninguém tem a mais remota idéia do que acontecerá no futuro. Trace o seu projeto especulativo baseado em reações rápidas a eventos que você vê acontecendo à sua frente.
5. Dos Padrões: O mundo do dinheiro é um mundo desordenado, sem nenhum padrão de comportamento. Cuidado com a armadilha do historiador: a de que a história se repete; cuidado com a ilusão do grafista (baseada em padrão); cuidado com a ilusão da correlação e da causalidade; cuidado com a falácia do jogador (ilusão de estar com sorte).
6. Da Mobilidade: Numa operação que não deu certo, não se deixe apanhar por sentimentos como lealdade ou saudade.

Jamais hesite em sair de um negócio se algo mais atraente aparecer à sua frente;

7. Da Intuição: Só se pode confiar num palpite que possa ser explicado. Jamais confunda palpite com esperança;
8. Da Religião e do Ocultismo: Esperar ajuda de Deus, do oculto ou de poderes mentais é não apenas inútil, é perigoso.
9. Do Otimismo e do Pessimismo: Não se deve entrar em uma jogada apenas com o otimismo. Antes de pôr o seu dinheiro num negócio, pergunte-se como se safará se der errado.
10. Do Consenso: Fuja da opinião da maioria. Provavelmente está errada. Jamais embarque nas especulações da moda. Com freqüência, a melhor hora de se comprar alguma coisa é quando ninguém a quer.
11. Da Teimosia: Se não deu certo da primeira vez, esqueça. Não faça preço médio.
12. Do Planejamento: Planejamentos de longo prazo geram a perigosa crença de que o futuro está sob controle. Fuja de investimentos de longo prazo.

Fui o *broker* do casal nessa primeira fase. Periodicamente comentava com a Regina as altas e as baixas, os possíveis ganhos e perdas e procurava incentivá-la a participar desse mundo novo, muito parecido a uma montanha-russa. É verdade que Regina já participava, indiretamente, mas me questionando se eu sabia o que estava fazendo. Eu, enquanto *broker*, verificava as dicas de diferentes corretoras e aplicava um pouco do que aprendi com o curso de análise fundamentalista e com a leitura dos axiomas de Zurich. É muito difícil aceitar que a ação que você comprou e que caiu 10% demorará a recuperar-se. Chega uma hora que você ri de você mesmo por ver acontecer na sua frente exatamente o que os axiomas tentam prevenir e você, na contramão, não consegue aplicá-los.

Aproveitamos para dar uma breve explicação sobre "análise fundamentalista": "*O objetivo da análise fundamentalista é avaliar alternativas de investimento. Isto é feito ao se avaliar as conjunturas macro e microeconômicas e o panorama setorial da empresa, além de de-*

monstrações financeiras e balanços. Cabe à análise fundamentalista estabelecer o valor justo para uma ação, respaldando decisões de compra ou venda. A premissa básica da análise fundamentalista é de que o valor justo para uma empresa se dá pela definição da sua capacidade de gerar lucros no futuro.

Pode-se dizer que a análise fundamentalista utiliza certas 'ferramentas', como por exemplo, as análises de demonstrativos financeiros, a elaboração de cenários econômicos, as projeções de resultados das empresas, a análise de indicadores financeiros e econômicos, entre outras."

Retirado do site www.ondeinvestirbylopesfilho.com.br.

A decisão por deixar o *homebroker* do banco e migrar para o da corretora baseou-se na percepção de que estávamos pagando taxas de corretagem elevadas, conforme a Tabela 5.2. Como as nossas compras adquiriram um patamar mínimo de R$20.000 e uma freqüência elevada, o valor mensal da corretagem estava próximo a R$700. Em conversas com os colegas do trabalho, durante o almoço, fiquei sabendo que eles estavam operando com a mesma corretora e que ela "dava" desconto sobre a corretagem padrão praticada no mercado (conforme a Tabela 5.2). Peguei o contato do corretor e, após uma breve negociação, obtive 80% de desconto sobre a corretagem. Também pesquisei a "solidez" da corretora. E assim, com tarifas mais baixas, deixamos de lado o *homebroker* do banco. Além disso, Regina assumiu o posto de "*broker*" do casal. Atualmente é ela quem dita as regras do que, quando e quanto comprar ou vender, e está se saindo bem. O capítulo com os detalhes dessa nossa aventura no mercado de

TABELA 5.2 **TABELA DE CORRETAGEM PRATICADA PELO BANCO**

Valor do negócio	Corretagem	Custo fixo
até R$ 135,06	0,00%	R$ 2,70
de R$ 135,07 a R$ 498,62	2,00%	0
de R$ 498,63 a R$ 1.514,69	1,50%	R$ 2,49
de R$ 1.514,70 a R$3.029,38	1,00%	R$ 10,06
acima de R$ 3.029,38	0,50%	R$ 25,21

ações (que eu chamo de segunda fase) terá a visão dela do dia-a-dia acompanhando e operando no mercado, quando possível.

Na metade de 2006, já operando com a corretora, tínhamos R$114.000 aplicados em ações (não se trata de ganho, e sim de dinheiro nosso aplicado). E chegamos em dezembro do mesmo ano com o valor aplicado de R$175.381. Creio que é visível que fomos hipnotizados ou abduzidos por esse tipo de investimento. Tivemos bons ganhos e boas perdas. Entre maio e julho de 2006, perdemos cerca de R$36.000. Mas os detalhes das nossas investidas na Bolsa são descritos em um capítulo à parte.

Continuando nossa educação financeira, um amigo havia feito um curso de investimentos em ações e gravou as aulas. Eu as escutei e li a apostila. Na internet, encontramos um material sobre análise gráfica e, em 2006, na Expo Money, em Curitiba, participei de uma palestra sobre a utilização de diferentes ferramentas de análise gráfica de forma ordenada, repassando tudo para Regina.

A análise gráfica, também conhecida como análise técnica, é aquela que estuda o comportamento dos preços através de seus movimentos em um determinado período. Com isso, busca-se identificar padrões através de gráficos e indicadores que se repetem periodicamente, no qual o objetivo dos gráficos é fornecer um auxílio nas negociações do mercado financeiro. Em alguns casos, esses movimentos podem durar poucos dias ou um período maior de tempo (adaptado do site invistaja.wordpress.com).

Temos hoje, conforme a Tabela 1.2, R$383.958 investidos (aplicações + rendimentos) em ações. Valor que nunca imaginamos que um dia teríamos aplicado em renda variável. Sempre trabalhamos com a idéia de 70% em renda fixa, e 30% em renda variável. Hoje, percebemos que temos cerca de 57% em renda variável e 43% em renda fixa. Divisão que não nos deixa muito tranqüilos. Conforme a apresentação de uma corretora, e também comentado por Mauro Halfeld em *Investimentos: como administrar melhor seu dinheiro* (Editora Fundamento Educacional), existe uma regra muito aplicada pelos americanos para direcionar os investimentos entre renda fixa e variável. Ela é conhecida como **Regra 100** e funciona da seguinte maneira: se tenho 38 anos, a diferença para 100, ou seja, 62, é o percentual das economias que devo ter investido em renda variável (a Tabela 5.3 apresenta a aplicação da Regra 100 para algumas diferentes idades). Podemos usar em nossa defesa a desculpa da aplicação dessa regra. Seria uma boa mentira, apesar de termos a consciência de que chegamos aos 57% embalados por euforia. Sinceramente, acho isso muito arriscado no nosso mercado, principalmente pela grande dependência que temos do mercado norte-americano. Entretanto, conforme o primeiro axioma de Zurich, se você está dormindo tranqüilo, não está ganhando o que poderia.

TABELA 5.3 **EXEMPLO DE APLICAÇÃO DA REGRA 100**

Idade atual	Percentual de aplicação em Renda Variável conforme Regra 100
20	80%
30	70%
40	60%
50	50%
60	40%
70	30%

Temos apenas dois anos de vivência no mercado de ações. Já levamos boas surras e não nos atrevemos a usar a palavra experiência. Em contrapartida, a rentabilidade tem sido superior a renda fixa e acreditamos que essa escolha é um tipo de investimento em educação. Essa forma de pensar nos ajuda a absorver as perdas, quando elas acontecem. Já comentei dos R$36.000 perdidos em 2006 entre maio e julho. Depois do susto, Regina e eu brincávamos dizendo que foi o maior investimento em educação que já fizemos em tão pouco tempo. Detalhe: Regina conseguiu recuperar os R$36.000 durante a segunda metade de 2006, e terminamos o ano "empatados".

Quando decidimos participar do mercado de ações, estávamos cientes dos riscos envolvidos e dispostos a absorver as perdas, caso elas acontecessem (e aconteceram!). Este é um detalhe que tem nos ajudado a suportar as oscilações da Bovespa. Começamos a operar com valores baixos, que cresceram rapidamente, mas sempre estávamos conscientes da possibilidade de um desempenho ruim da nossa parte. E, adicionalmente, o dinheiro investido na Bolsa é para longo prazo e, assim, não temos interesse em utilizá-lo tão cedo. Muitas vezes, carregamos nossas "posições perdedoras" na esperança de uma recuperação. Sim, estamos contrariando mais um axioma de Zurich, mas por outro lado, fazemos isso fundamentados em informações econômico-financeiras e mercadológicas das empresas escolhidas e do nosso país.

Continuamos com esse assunto no Capítulo 6. A segunda fase do *homebroker*, muito mais emocionante, tem nos proporcionado boa dose de adrenalina.

5.6. Seguro de vida

Tenho dificuldade em controlar esse "investimento". Não por questões filosóficas em relação à morte, mas sim, porque a forma do nosso controle e da nossa atualização não é a mais correta, no meu ponto de vista. Mas, vamos começar pelo início: um colega do trabalho comentou comigo que tinha contratado um seguro de vida para ele. A freqüência de viagens estava aumentando e também era uma recomendação "básica" de alguns consultores financeiros. Ele pesquisou e encontrou uma empresa que, após a visita de um representante, convenceu-o a adquirir uma apólice. Como freqüentemente dividíamos informações sobre investimentos, ele me passou essa dica, pois na avaliação dele valia a pena. Tratava-se de um plano com cobertura em caso de morte, mas se a mesma não ocorresse até os 65 anos de idade, o valor do prêmio seria disponibilizado para o segurado. De acordo com o plano, o valor do benefício seria atualizado, anualmente, pela variação do IGP-M, já a partir do primeiro ano de contratação do seguro. Dessa maneira, para a contratação de um seguro de R$100.000, após o primeiro ano e com inflação medida pelo IGP-M de 3,0%, o valor seria atualizado automaticamente para R$103.000. E esse processo se repetiria até, no máximo, a idade de 65 anos. Para viabilizar esse plano, havia a necessidade do pagamento de uma mensalidade.

Pensei sobre o assunto e assim como com o PGBL, fiz uma conta considerando depósitos nos mesmos valores. O prêmio era de, inicialmente, R$150.000, com atualização anual, conforme a variação do IGP-M. Considerei para este uma taxa anual de 2,5%. Competindo com ele, escolhi uma taxa de 7% ao ano mais o IGP-M (um título do Tesouro Direto) e depósitos de R$326,88 (valor da mensalidade do plano de seguro de vida). O resultado da simulação é apresentado na Tabela 5.4. É possível perceber que o seguro de vida será vantajoso até 2026, pois o valor do prêmio atualizado de R$251.937,28 é superior ao valor acumulado da aplicação alternativa no mesmo período, e igual a R$246.512,66. Por outro lado, no final do plano, caso eu possa resgatá-lo pessoalmente, seu valor de R$314.635,14 será muito inferior à aplicação alternativa, com valor acumulado de R$612.305,19. Mas percebi que não tinha como comparar esse item. Tratava-se de uma segurança para a minha família no caso da minha falta. E isso (a data) eu não conseguia prever. Com uma importância secundária, o valor poderia ser resgatado aos 65 anos de idade. Acabei contratando o plano em maio de 2005. Ele é denominado Dotal 65 e teve como valor inicial a quantia de R$150.000. Caso eu partisse hoje desta para melhor, a patroa receberia R$157.753,74 de valor atualizado pela inflação. Até o momento, pagamos cerca de R$8.000. A mensalidade também é reajustada anualmente pelo mesmo indexador e pelo mesmo percentual. Pela questão da segurança, considero uma alternativa adicional de investimento. No nosso controle, não considero o valor atualizado do "prêmio", mas sim, o valor acumulado das prestações já pagas. No caso, R$8.000. E devido a essa dificuldade de controle da minha parte, não incluí esse investimento na Tabela 1.2.

TABELA 5.4 **COMPARATIVO ENTRE A ATUALIZAÇÃO DO PRÊMIO DO SEGURO DE VIDA E UMA APLICAÇÃO ALTERNATIVA POR CONTA PRÓPRIA**

ANO	Prêmio do Seguro (IGPM)	Aplicação Alternativa (7,0% + IGPM)
2005	R$ 150.000,00	R$ -
2006	R$ 153.750,00	R$ 4.090,56
2007	R$ 157.593,75	R$ 8.569,72
2008	R$ 161.533,59	R$ 13.474,40
2009	R$ 165.571,93	R$ 18.845,02
2010	R$ 169.711,23	R$ 24.725,85
2011	R$ 173.954,01	R$ 31.165,37
2012	R$ 178.302,86	R$ 38.216,63
2013	R$ 182.760,43	R$ 45.937,77
2014	R$ 187.329,45	R$ 54.392,41
2015	R$ 192.012,68	R$ 63.650,25
2016	R$ 196.813,00	R$ 73.787,58
2017	R$ 201.733,32	R$ 84.887,95
2018	R$ 206.776,66	R$ 97.042,87
2019	R$ 211.946,07	R$ 110.352,50
2020	R$ 217.244,72	R$ 124.926,54
2021	R$ 222.675,84	R$ 140.885,12
2022	R$ 228.242,74	R$ 158.359,76
2023	R$ 233.948,81	R$ 177.494,49
2024	R$ 239.797,53	R$ 198.447,03
2025	R$ 245.792,47	R$ 221.390,05
2026	R$ 251.937,28	R$ 246.512,66
2027	R$ 258.235,71	R$ 274.021,92
2028	R$ 264.691,60	R$ 304.144,56
2029	R$ 271.308,89	R$ 337.128,85
2030	R$ 278.091,61	R$ 373.246,65
2031	R$ 285.043,91	R$ 412.795,64
2032	R$ 292.170,00	R$ 456.101,78
2033	R$ 299.474,25	R$ 503.522,00
2034	R$ 306.961,11	R$ 555.447,15
2035	R$ 314.635,14	R$ 612.305,19

5.7. Debêntures

O ano de 2005 transcorreu com as minhas investidas em ações e em pequenas compras no Tesouro Direto. Já em 2006, com Regina comandando as atividades relacionadas às ações, mantivemos nossa "agressividade" nas aplicações em renda variável.

No final de 2006 ficamos sabendo do lançamento das debêntures BNDESPAR que oferecia proteção contra a inflação medida pelo IPCA e taxa de juros de 6% a.a. Li sobre o tipo de investimento, mas não me interessei, pois ao compará-las ao Tesouro Direto, não vi vantagem alguma. Regina comentou comigo sobre a possibilidade de compra e eu falei que preferia adquirir títulos do governo, pois as taxas de juros eram maiores.

Como se trata de um investimento "incomum", em relação aos demais já descritos, aproveito para apresentar a definição dele. Debêntures são títulos de renda fixa de longo prazo emitidos por empresas públicas ou privadas. Quando uma empresa precisa de dinheiro e não quer tomar um empréstimo bancário, pode recorrer a uma emissão de debêntures – títulos de longo prazo que pagam taxas de juros e não possuem **nenhuma** garantia. Por isso, é importante avaliar a qualidade do emissor do papel antes de optar por esse tipo de aplicação (trecho retirado de *Guia Valor Econômico de finanças pessoais*, de Mara Luquet, Editora Globo). Pela leitura, percebemos que esse investimento **não tem garantia de pagamento**, apesar de ser considerado de baixo risco por se tratar da **BNDES**PAR.

Já decidido a não comprá-las, Regina, em uma noite durante o jantar, comentou que escutou na rádio o Mauro Halfeld (ele de novo!) dizer que o grande diferencial era o deságio que poderia acontecer no lançamento da debênture: ela tinha um "valor de face" de R$1.000, mas poderia ser adquirida por menos, e aí sim, se o valor ficasse por volta dos R$900 seria melhor do que o Tesouro Direto. Ops! Precisava me informar melhor... No dia seguinte, entrei no site da CBN News (http://cbn.globoradio.globo.com/cbn/comentarios/halfeld.asp) e procurei a matéria do Mauro Halfeld sobre as debêntures da BNDESPAR. Após ouvi-la duas vezes e ler o material que ele havia disponibilizado, decidi fazer uma proposta de compra condicionada: enviei um e-mail para a corretora dizendo que gostaria de comprar 10 debêntures, desde que o valor de cada uma no lançamento não fosse superior a R$900. Recebi como resposta a pergunta: Do que você está falando? Debêntures? BNDESPAR? Não sei o porquê, mas lembrei dos gerentes de banco... Seguindo aquele método de me manter calmo, expliquei para aqueles que eu supunha serem já esclarecidos, o que eu estava falando e querendo. A proposta foi entendida e aceita no último dia possível para a compra. Aguardei o resultado do valor de lançamento. Ficou em R$898,33 para um valor de face de R$1.000 no vencimento (2012). Ou seja, "de cara", tivemos um ganho de 11,3%, além dos 6% de taxa de juros e da atualização pelo IPCA. Nossos sinceros agradecimentos ao Mauro Halfeld. Foram só R$10.000, mas como dizia minha avó: "De grão em grão, a galinha enche o papo."

Em 2007, houve novo lançamento, mas sem deságio no valor de face, mas com a possibilidade de variações em relação à taxa de juros. Comparei novamente com o Tesouro Direto, fiz uma proposta de compra, agora condicionada a um valor mínimo de taxa de juros (7,5%). Como a taxa fechada foi inferior (6,8%), acabamos não comprando.

Tivemos um ganho adicional com a então possibilidade de compra das debêntures BNDESPAR. Como não conhecíamos essa modalidade de investimento, novamente, fui em busca de educação financeira e encontrei o Bovespa Fix (http://www.bovespa.com.br/ rendafixa/), ou a parte da Bovespa direcionada à renda fixa. Lá, conseguimos acompanhar os novos lançamentos de debêntures e apresentamos, a seguir, algumas telas. É necessário um pouco de treino para "navegar" no site, mas com paciência, chega-se lá.

FIGURA 5.9 **TELA INICIAL DO BOVESPA FIX**

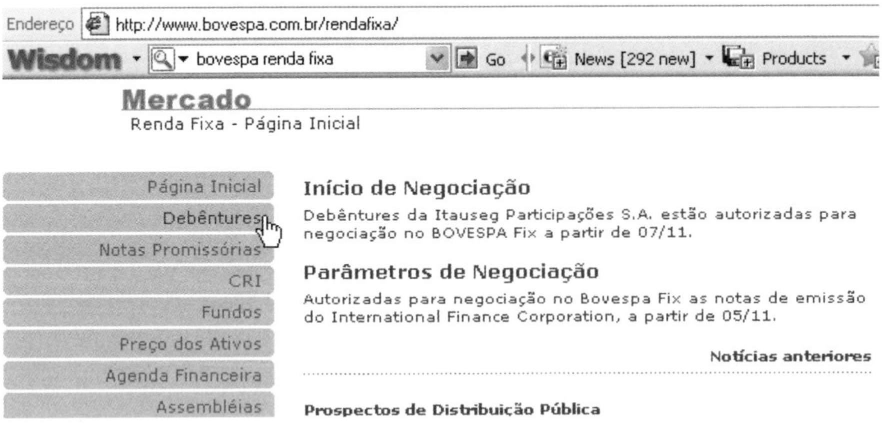

FIGURA 5.10 **DETALHES DAS ALTERNATIVAS DE INFORMAÇÕES PARA DEBÊNTURES**

Cuidado: apesar de alguns lançamentos com taxas tentadoras, superiores ao Tesouro Direto, acabamos não comprando mais. Comentei sobre essa alternativa com um amigo, sócio de uma corretora de valores, e ele disse que era muito arriscado, que já havia ocorrido casos em que as debêntures não foram pagas. E que, na opinião dele, excetuando-se as debêntures de empresas de primeira linha, como BNDESPAR, Petrobras e Vale, era melhor não arriscar. O conselho dele foi seguido à risca.

5.8. FIDCs (Fundo de Investimentos em Direitos Creditórios)

Mais uma novidade, pelo menos para nós, dentro das alternativas de renda fixa. Durante os meus passeios no Bovespa Fix, li a sigla e os informes sobre novos lançamentos. Paralelamente, a *newsletter* do Infomoney sobre finanças pessoais comentou acerca desse assunto. Um dos principais problemas era o valor de compra elevado, cerca de R$50.000 para alguns casos, sem contar com o fato de que havia a questão do risco. Como já estávamos nos divertindo (!?) com as ações, preferi deixar de lado essa possibilidade. O endereço na internet para informações é o do Bovespa Fix. Apresentamos duas telas para facilitar a navegação.

FIGURA 5.11.**OPÇÃO DO BOVESPA FIX PARA FIDCS**

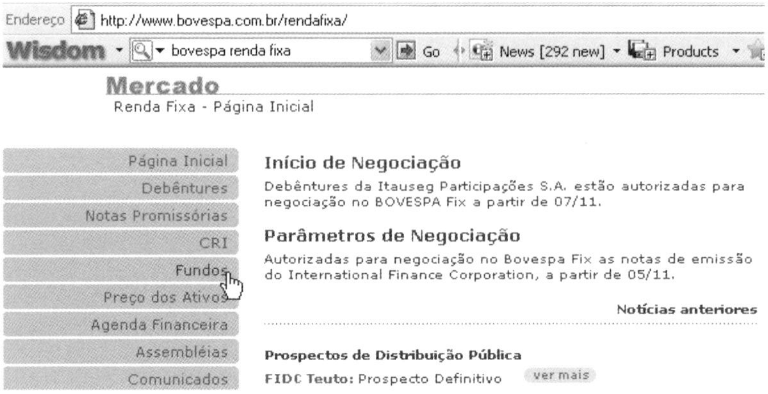

FIGURA 5.12.**INFORMAÇÕES DISPONÍVEIS PARA FIDCS**

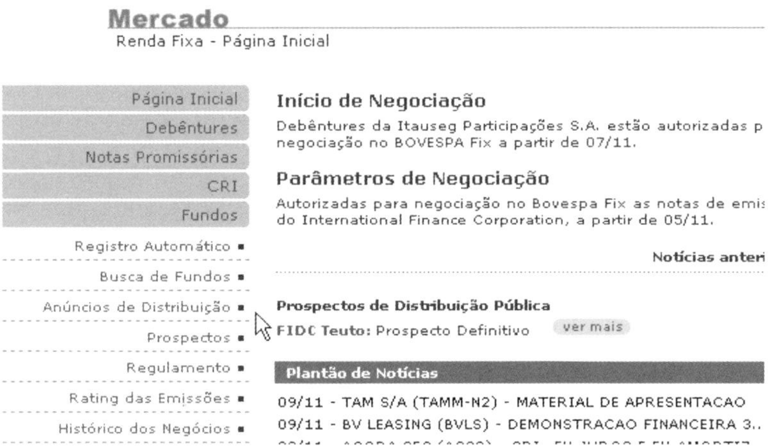

Como este capítulo trata do nosso aprendizado em investir e das nossas opções, vamos finalizá-lo com algumas informações que acreditamos serem relevantes para a gestão dos investimentos.

A primeira delas refere-se à **Regra de 72**. É uma regra bem simples e que evidencia o poder dos juros compostos sobre as nossas economias. De acordo com essa regra, para se determinar, aproximadamente, quantos anos um investimento levará para **dobrar**, basta dividir 72 pela taxa anual do investimento. Por exemplo, se conseguirmos 7% de retorno ao ano, o investimento dobrará a cada 10,3 anos. Para 8%, dobrará a cada nove anos e, finalmente, para 9%, dobrará a cada oito anos. Gosto de trabalhar com taxas líquidas, ou seja, já descontando o impacto da inflação. Assim, de acordo com a Regra de 72 e sabendo que temos, atualmente, rentabilidade líquida de 8%, nossos R$700.000 podem transformar-se em R$1.400.000 até o ano de 2016, quando terei 47 anos, bem próximo ao plano de aposentadoria (aos 46 anos), se apenas trabalharmos para pagar contas e sempre cuidando para que os valores já investidos tenham, pelo menos, um rendimento líquido de 8%. Voltaremos a essa reflexão no Capítulo 11, pois ela pode indicar novas alternativas.

TABELA 5.5. **EXEMPLO DE APLICAÇÃO DA REGRA DE 72**

Taxa anual de juros	Tempo necessário para dobrar o investimento (em anos)
5%	14,4
6%	12,0
7%	10,3
8%	9,0
9%	8,0
10%	7,2

Como curiosidade, apresentamos também uma forma de se determinar o patrimônio esperado para uma pessoa (ou casal), conforme sua renda e idade. Essa fórmula foi desenvolvida pelos norte-americanos Thomas J. Stanley e William D. Danko, autores de *O milionário mora ao lado* (Editora Manole). Para se encontrar esse valor, basta multiplicar a renda anual pela idade e dividir tudo por dez. No nosso caso, a renda anual do último período foi de R$171.389,24. Ao multiplicar esse número por 38 (nossa idade) e dividir o resultado por 10, obtemos o valor de R$651.279,10. Temos na realidade um valor acima do esperado. Caso tenha interesse, faça a conta e verifique onde você se encontra em relação ao patrimônio esperado.

Outra informação importante da nossa gestão de investimentos está ligada à preocupação que temos em continuar fazendo, mesmo que minimamente, investimentos em renda fixa. Fica claro pela apresentação das nossas pesquisas sobre alternativas, que estamos atentos a essa modalidade e que existe, sim, um motivo especial para isso. Acreditamos na importância de se ter um investimento menos arriscado. Além disso, os valores em renda fixa funcionam como "lastro", ou garantia em fortes momentos de queda da Bolsa, além de relativo decréscimo do nosso patrimônio. E, também, ter dinheiro na renda fixa nos dá, além da sensação de segurança financeira, uma segurança emocional. Afinal de contas, temos pelo menos R$300.000 aplicados lá, com risco relativamente muito mais baixo.

A última informação está relacionada ao rendimento médio da Bovespa desde a sua criação e a consideração de ser, este, um investimento de longo prazo. De acordo com Mauro Halfeld, e agora já admitindo que ele tem sido nosso "orientador virtual" em questões relacionadas a finanças pessoais e investimentos, a Bovespa tem apresentado um rendimento médio de 8,9% a.a. nos últimos 39 anos. Com a queda da taxa Selic e com a previsão de continuidade desse movimento para os próximos anos, a alternativa natural para se obter melhores rentabilidades é a renda variável. Têm-se grandes defensores da aplicação de longo prazo em ações (o próprio Mauro Halfeld e Michael LeBouef). Por outro lado, os especuladores, que visam lucros em curtíssimos intervalos de tempo, são representados, por exemplo, por Max Gunther. Regina e eu estamos construindo a nossa estratégia. Na prática, estamos testando as duas alternativas, com ênfase maior na especulação de médio prazo (caso exista especulação de médio prazo). Detalharemos isso no Capítulo 6.

CAPÍTULO 6

Investindo em ações: a segunda fase

6.1. O contato inicial

Quando Regina começou a acompanhar o mercado de ações, ela o resumiu da seguinte maneira: "Trata-se de uma reunião de histéricos" e completou: "Isso não existe. Em um momento a ação vale R$15, minutos depois está em R$14,70 e depois fecha o dia em R$16. Que absurdo!" Achei divertido a forma que ela encontrou para expressar o que foi observado: uma freqüente variação nos preços de algumas ações. Acreditei que com aqueles comentários, ela não tomaria gosto pela "coisa". Ledo engano. Minha esposa não só se interessou, como também se mostrou uma investidora extremamente arrojada. Este termo é normalmente aplicado para aquele tipo de investidor que tem baixa aversão ao risco, ou seja, que em busca de ganhos maiores, tolera possíveis perdas.

No primeiro mês de "atividade", ela já desejava realizar alguns "*day trades*", ou seja, a compra e venda de ações no mesmo dia. Conversávamos diariamente sobre a situação do mercado e, na hora do almoço, eu comentava com meus colegas as peripécias da patroa. Confesso que fazia isso com orgulho, uma vez que este era o sonho da maioria dos presentes naquele grupo de novos investidores, que, invariavelmente, se encontravam na hora do almoço e concentravam as conversas sobre o que comprar no mercado acionário. Todos no grupo desejavam que suas respectivas esposas começassem a fazer aquilo que Regina havia iniciado, apesar de me alertarem sobre um possível perigo: com uma esposa inteligente e que ganhava dinheiro sozinha, para o que mais eu serviria, além de tirar o lixo de casa? Um belo dia, ao chegar na mesa do refeitório onde o pessoal se encontrava, falei brincando: "Pessoal, acho que criei um monstro." Estava me referindo à velocidade com a qual minha esposa se adaptou à renda variável. O que antes era "ilusório" para ela, tinha se transformado em assunto de grande interesse.

Aproveitamos para apresentar uma das telas que Regina normalmente acompanha através do *homebroker* fornecido pela corretora. Ela é representada pela Figura 6.1 e contém informações sobre o último preço da ação, o seu percentual de variação, os valores máximo e mínimo já alcançados até determinado momento do dia, o melhor preço de venda obtido, o número de negócios efetuados, o valor no fechamento anterior e na abertura do mercado. Caso seja escolhida uma determinada ação, por exemplo, a JBSS3 (Friboi), a tela "carrega" as ofertas de compra e de venda da ação selecionada. Com esta ferramenta é possível acompanhar o mercado com bastante facilidade e, quando necessário, enviar ordens de compra ou de venda de ações.

FIGURA 6.1 **TELA DO *HOMEBROKER***

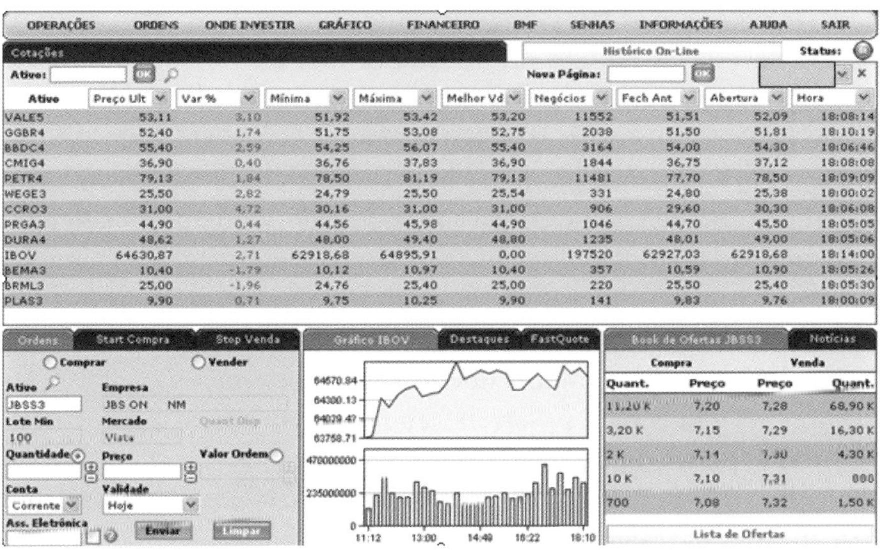

A passagem de bastão na gestão da carteira foi feita de forma natural devido à falta de tempo que eu tinha para acompanhar o mercado. Regina, apesar do trabalho, tinha um pouco mais de disponibilidade para fazer isso, o que facilitava bastante nossa "atividade", e podia aumentar nossos possíveis ganhos. Ela assumiu a carteira, logo após seu "treinamento" no Folhainvest.

6.2. O primeiro tombo

Larguei do osso, deixando para ela uma situação não muito confortável: havia adquirido ações com valores elevados e que, logo em seguida, foram "desvalorizadas", com uma queda generalizada do mercado. Estávamos cercados por informações que indicavam o fim do mundo e, para piorar a situação, havíamos acabado de conhecer o funcionamento de uma ferramenta para realizar a venda, automaticamente, de uma determinada ação em nosso poder, sem a necessidade de um acompanhamento constante do comportamento da mesma. Era o uso do *stop loss*, que, em outras palavras, significa programar a venda de uma ação de forma automática, informando o número de ações e o valor desejado de venda no sistema *homebroker* (ver canto inferior direito da Figura 6.1). Se a ação chegar àquele valor, uma ordem de venda é emitida e processada. Este dispositivo deveria ser utilizado para segurança, ou melhor, para preservar possíveis ganhos ou minimizar perdas durante turbulências (quando é bem utilizado). Este era o ambiente daquele momento: a queda repentina do mercado nos deixou apavorados. Víamos nossas ações caírem, dia após dia. Demoramos para tomar uma atitude e, quando a fizemos, optamos pelo uso do *stop loss*. O mercado continuou caindo e nossas ações foram "stopadas", isto é, os valores que informamos como patamares inferiores extremos para possíveis vendas foram alcançados, potencializando e efetivando nossas perdas. Tínhamos clareza de que só se ganha ou se perde dinheiro no mercado de ações quando se realiza "lucro" ou "prejuízo". Enquanto não se vende o que se tem, sua carteira apenas apresenta uma possibilidade, que se torna certeza no momento da venda. E assim, tivemos o prejuízo de R$36.000 entre maio e julho de 2006. Não usaremos percentuais para minimizar ou para reforçar esta perda. Esta quantia de dinheiro é elevada, e sabemos que nosso sentimento não mudará com o tempo. Por outro lado, como já anteriormente comentado, foi o maior investimento em educação que já fizemos!

A intenção deste livro é dividir com o leitor nossas experiências e possíveis aprendizados que tivemos. Em relação ao que descrevemos até agora, se tivéssemos mantido a calma e não realizado a venda daquelas ações, um ano após o ocorrido estaríamos com saldo positivo, pois o susto passou, o mundo não acabou e as ações que vendemos não só tiveram seu preço recuperado como também foram valorizadas pelo mercado. Para exemplificar, uma das ações que tínhamos era a PRGA3 (Perdigão ON). A empresa tinha bons fundamentos, e o setor, boas perspectivas. Como resultado, ela era indicada por alguns analistas e encontrava-se em processo de valorização. De repente, surge a notícia da gripe aviária na Ásia e, conseqüentemente, um progressivo decréscimo nas exportações de carne de frango do Brasil. Compramos a ação por R$29,83 e a vendemos, no pico da crise, ou melhor, no vale, pelo preço médio de R$21,89. Um prejuízo de 36%. Cerca de um ano e meio depois, sem notícias do maligno vírus que se fez presente insistentemente na mídia naquele momento "distante" do passado (sarcasmo é uma das maneiras existentes de se afogar as mágoas!), e com as vendas retomadas, a PRGA3 encontrava-se, novamente, em sua rota de valorização, com um valor recente de R$43,95. Além dos 36% de prejuízo, deixamos de obter ganho de 47% (comparando o valor de compra com o valor de R$43,95). O Gráfico 6.1 apresenta o comportamento da ação PRGA3 e tem destacado os momentos de compra, venda e valor recente (extraído de http://web.apligraf.com.br/smartrackweb.php). O importante aqui é ressaltar também a necessidade de se tomar cuidado com as informações obtidas e das possíveis conseqüências após a análise das mesmas.

GRÁFICO 6.1 **EVOLUÇÃO DOS PREÇOS DA AÇÃO PRGA3**

6.3. Desenhando uma estratégia

Seis meses se passaram até Regina conseguir zerar o nosso prejuízo. Durante este período, ela começou a desenhar a sua forma de operar na Bolsa. Com o acompanhamento diário de algumas ações, selecionadas a partir de informações retiradas de sites específicos (www.bovespa.com.br, www.cvm.gov.br, web.infomoney.com.br, e sites de bancos e corretoras) e da escolha de alguns tipos de mercados para os quais o nosso país é extremamente competitivo, ela tomava as decisões do que comprar e do que vender.

Como citei, a estratégia dela envolve a coleta diária de informações. Isso pode acontecer durante a noite (média de duas horas) ou durante a manhã, antes da abertura do mercado. Ela procura notícias sobre o comportamento da Bolsa dos Estados Unidos (fechamento do índice Dow Jones), a agenda da semana e do dia para o mercado financeiro (onde alguns indicadores macroeconômicos são informados e, geralmente, impactam no comportamento do Ibovespa – índice que mede o desempenho de um grupo de ações brasileiras), as notícias relevantes sobre algumas companhias (os resultados das empresas são publicados trimestralmente) que investimos ou que gostaríamos de investir e a opinião de analistas para o curto e médio prazos. Para decidir a hora de entrar (compra) ou a hora de sair (venda), ela analisa o gráfico da ação da empresa, aplicando alguns conceitos da análise técnica. O gráfico ajuda a ter uma melhor visão do desempenho da ação em diferentes períodos, além de mostrar se a ação oscila bastante entre altas e baixas. Ora utilizamos a análise gráfica para completar a análise fundamentalista, ora fazemos o contrário. Durante a coleta de informações, Regina fica sabendo de algumas indicações de analistas grafistas. Com o nome e o comportamento destas ações, buscamos, na análise fundamentalista, dados que reforcem a indicação de compra. E também nos apegamos à análise fundamentalista para evitar possíveis compras/vendas indevidas quando o mercado se apresenta bastante volátil.

Mesmo com esses cuidados, tem sido impossível avaliarmos antecipadamente o que os analistas chamam de mau humor do mercado. Freqüentemente, temos informações positivas de empresas, dados gráficos sinalizando valorização, mas o que se segue é uma queda no preço da ação analisada. Após uma pesquisa para identificar o porquê, lemos que aquele lucro já havia sido precificado pelo mercado, ou seja, o mercado já o havia incluído na evolução da ação. Outra explicação, também já encontrada, refere-se a uma possível retração do mercado por problemas externos, impactando todas as ações.

Mas, afinal de contas, o que ou quem é este tal de "mercado"? Percebemos se tratar de uma figura onipresente e onisciente, ou seja, está em todo lugar e sabe de tudo, ditando as regras do negócio. É bastante sensível, apresentando variações constantes de humor. Não parece ser muito racional também. Se preferir, a definição técnica de mercado de capitais é:

> *"Segmento do mercado financeiro onde se realizam as operações de compra e venda de ações, títulos e valores mobiliários, efetuadas entre empresas, investidores e/ou poupadores, com intermediação obrigatória de instituições financeiras do Sistema de Distribuição de Títulos e Valores Mobiliários, componente do SFN (Sistema Financeiro Nacional)."*
>
> Dicionário de finanças: http://www.bovespa.com.br/Investidor/DicionarioFinan/dicionario.htm.

E assim, como estamos falando do comportamento de seres humanos, em nível mundial, é natural que este comportamento seja ilógico e bastante emotivo.

Finalizando a parte da estratégia, como nossa base para escolha de ações tem sido a análise fundamentalista, procuro participar de palestras sobre o panorama econômico do Brasil, avaliações para o mercado mundial, possíveis cenários para a Bovespa, entre outros. Estas palestras, quase sempre gratuitas, promovidas por universidades e bancos, por exemplo, nos ajudam no desenho ou redesenho das ações (atividades) a serem tomadas.

6.4. Nossas percepções

Regina sempre procura me colocar a par do que pretende fazer e me pergunta o que acho. Gosto daquele ditado popular que diz que cachorro com dois donos morre de fome. Assim, procuro não interferir muito na forma que ela atua. É claro que isso é difícil de ser feito em 100% das ocasiões. E também que é bem fácil criticar depois que a escolha se mostra incorreta. Mas tenho tentado me controlar e acho importante destacar que existe a necessidade de se deixar bem claro quem terá a responsabilidade pela tomada de ações, cabendo a outra parte participar do processo, mas acatando as decisões tomadas. Caso contrário, uma iniciativa para o bem-estar do casal se tornará mais um campo fértil para discussões prejudiciais ao relacionamento.

Outro aprendizado que tivemos e muito defendido pela patroa refere-se ao saber comprar. Isso envolve quando e por quanto comprar uma ação pré-selecionada. Regina defende que precisamos ter calma e aguardar o momento "certo" da compra. Muitas vezes discordamos do preço de compra a ser ofertado, pois sou mais impaciente e impulsivo, julgando que a ação já caíra o bastante em relação a seu preço "padrão", mas ela prefere aguardar mais um pouco e, normalmente, coloca ordens de compra com valores um pouco inferiores aos que estão sendo lançados. Quando dá certo, Regina consegue bons lucros.

Verificamos que, periodicamente, a Bolsa sofre problemas chamados sistêmicos que impactam todas as ações, fazendo-as cair. Normalmente, esses problemas são atribuídos a um temor de desaquecimento da economia global (leia-se Estados Unidos), um atentado terrorista, um discurso duvidoso do presidente do Fed (o Banco Central dos Estados Unidos), uma ameaça de quebra da Bolsa da China, entre outros. Mas sempre um motivo é apresentado e não dura muito tempo para se verificar uma reversão. Já escutamos na rádio que o Ibovespa caiu porque o preço do petróleo subiu. E também que o Ibovespa subiu porque o mesmo preço do petróleo também subiu. Para nós, leigos, as explicações diárias das oscilações da Bolsa parecem meio ilógicas, e em alguns casos, forçadas. E assim, aprendemos também a tomar cuidado com os momentos de euforia e de pavor, notoriamente, retratados pela mídia. Além disso, é sempre bom ter um pouco de dinheiro disponível para comprar ações quando o mercado sofre uma queda repentina. Tentamos, sem sucesso, manter uma reserva em conta corrente para possíveis compras nestes momentos de pavor, mas sempre que isso acontecia já havíamos transformado nosso dinheiro em ações. Ainda estamos engatinhando neste processo de busca por informações confiáveis que validem um panorama de médio/longo prazo e também no ajuste do nosso tempo de entrada no mercado, adquirindo novas ações.

6.5. A influência das informações

Com o objetivo de buscar informações consistentes que nos ajudem a escolher uma determinada empresa para investir, procuramos estar atentos às informações ao nosso redor. Durante uma viagem a trabalho para participar de um seminário e de uma feira com os maiores representantes de diferentes setores do comércio exterior, fiquei conhecendo um pouco de um determinado mercado que até então era completamente ignorado por nós. Havia acabado de assistir a uma palestra, quando um dos organizadores apresentou o assunto seguinte: o mercado da carne bovina. Sinceramente, pensei em sair do auditório. Como engenheiro mecânico, trabalhando em uma fábrica de motores para automóveis, o assunto "exportação de carne de boi" não me soou nada interessante. Por outro lado, a feira propriamente dita só começava após o almoço e não havia alternativa além de um breve retorno ao hotel para, logo em seguida, voltar ao mesmo local. Decidi, a contragosto, acompanhar aquela apresentação. Não demorou muito para eu ter a impressão de ver cifrões ($) voando pelo auditório. De acordo com a apresentação, o Brasil era o maior exportador de carne bovina e o segundo maior produtor do mundo, perdendo apenas para os Estados Unidos. Além disso, éramos, ou somos, o país do mundo com mais área disponível para aumentar nosso rebanho e com custos operacionais menores do que os outros concorrentes diretos. Tínhamos como obstáculos a necessidade de investimento em infra-estrutura para escoamento da produção, a contínua batalha contra a febre aftosa e o câmbio. Refleti um pouco e telefonei para Regina, sugerindo-lhe a compra de ações de alguma empresa do setor.

Algumas das informações obtidas durante a palestra e já mencionadas são apresentadas a seguir na forma de gráficos. Espero que o leitor tenha um sentimento parecido com o meu, para que possamos validar o impacto de certas informações quando estamos operando no mercado de ações. Os gráficos foram retirados da apresen-

GRÁFICO 6.2 **MAIORES PRODUTORES DE CARNE BOVINA - 2006**

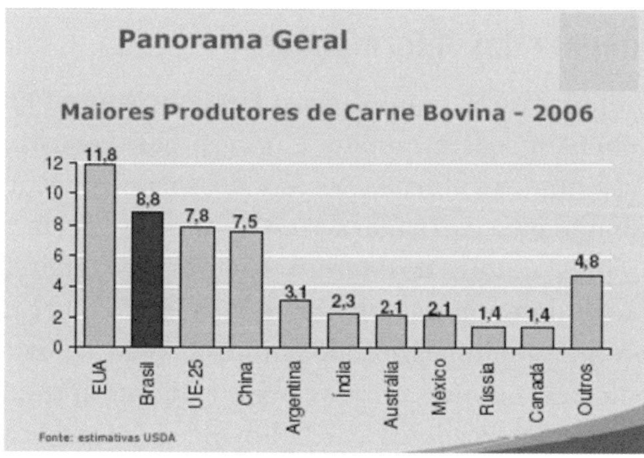

GRÁFICO 6.3 **POTENCIAL DE TERRA DISPONÍVEL**

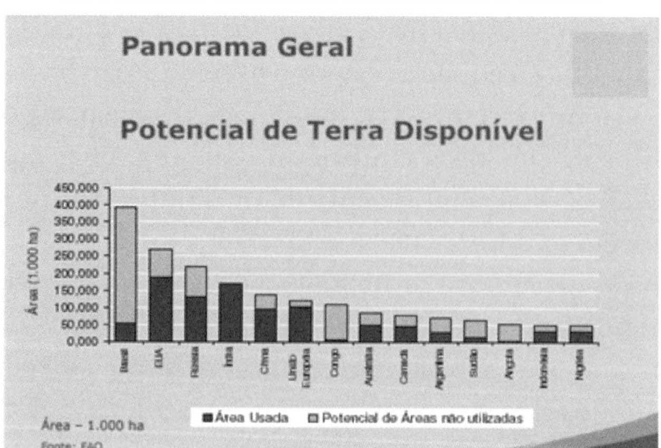

GRÁFICO 6.4 **PERSPECTIVA DE CONSUMO DE CARNE**

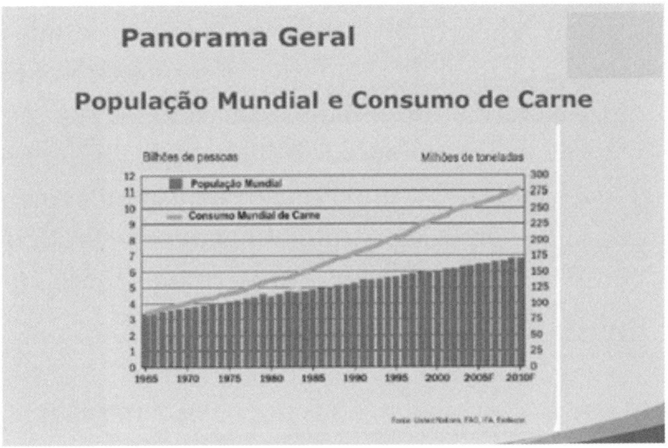

tação intitulada "O acesso da carne bovina brasileira ao mercado internacional e os entraves locais", realizada pela empresa Independência Alimentos na Intermodal, em 2007.

Regina comentou sobre uma empresa que havia acabado de entrar no mercado, e que se chamava Friboi (JBSS3). Pedi então para ela começar a monitorar o comportamento da ação e, na primeira oportunidade, realizar a compra. Minha intenção era comprar esta ação e mantê-la para longo prazo. Compramos lotes com preços variando de R$7,06 a R$7,68, a partir de abril de 2007. E convicto de mantê-las para o longo prazo, diferentemente da Regina, que achava melhor vendê-las caso houvesse uma boa valorização. Esta ação representa cerca de 30% da nossa carteira e apresentamos o comportamento dela desde o seu lançamento até a última atualização.

Em meados de julho de 2007, esta ação bateu os R$9,50. Este valor representava mais de 20% em menos de três meses. Regina quis vender, mas eu não concordei, afinal, a ação era para longo prazo. Em seguida a ação caiu, mas teve sua recuperação no início de agosto. Novamente, Regina comentou em vendê-la, mas mantive minha postura de "burrico" empacado. A ação teve uma forte desvalorização, recuperou um pouco no início de setembro, e desde então, foi ladeira abaixo, com alguns momentos de tentativa de retomada de crescimento. E esta tem sido a nossa vida de novatos na Bolsa. Fundamentados em boas informações, mas ainda iniciantes e indecisos acerca de quando atuar no curto ou no longo prazo. Para esta ação em específico, poderíamos ter tido lucros maiores que 20%, em pelo menos três momentos diferentes em um intervalo de tempo igual a seis meses. E repito: a ação corresponde a cerca de 30% de todo o valor que temos investido em ações. O Gráfico 6.5 apresenta este comportamento de montanha-russa e também nos ajuda a lembrar que o futuro é incerto.

GRÁFICO 6.5 **EVOLUÇÃO DOS PREÇOS DA AÇÃO JBSS3**

6.6. O segundo tombo

Como citado anteriormente, Regina tem acompanhado durante este período (um ano e meio) de atuação na Bolsa, elevado número de lançamentos de novas ações (as IPOs – Initial Public Offers, ou Ofertas Públicas Iniciais), que, em sua maioria, apresentaram boas valorizações. Pois bem, nos deixamos levar por tais valorizações instantâneas e alteramos nosso padrão de atuação no mercado: passamos a prestar mais atenção em empresas menores, novatas ou não, mas objetivando ganhos mais rápidos. A ganância tomou conta de nós. E mesmo sabendo que estávamos em um ano no qual se esperava uma alta volatilidade do mercado, começamos a comprar ações destas empresas novatas, ou relativamente pouco conhecidas. Volatilidade significa, tecnicamente, um período de forte variação (altas e baixas) do mercado. Mas, em termos práticos, tem significado surras sucessivas do mercado em nós. Isso pode ser exemplificado através da Figura 6.2, que contém o saldo da nossa carteira. De acordo com esta figura, temos atualmente R$350.000. Se voltarmos à Tabela 1.1, percebemos que o valor informado era R$383.958. Uma variação para baixo de R$33.958. Não chamamos de prejuízo pela explicação já feita, mas sim, de mau desempenho.

FIGURA 6.2 **SALDO APLICADO EM AÇÕES**

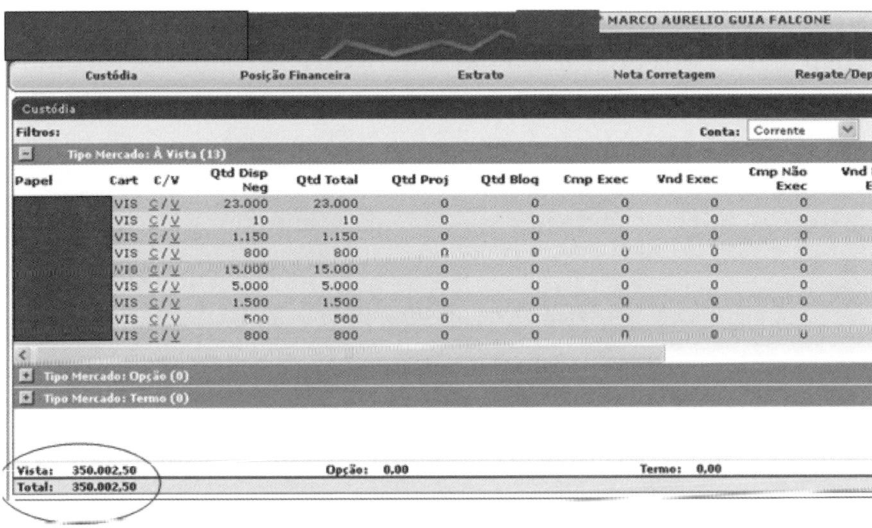

MARCO AURELIO GUIA FALCONE

Custódia | Posição Financeira | Extrato | Nota Corretagem | Resgate/Depó

Custódia

Filtros: Conta: Corrente

Tipo Mercado: À Vista (13)

Papel	Cart	C/V	Qtd Disp Neg	Qtd Total	Qtd Proj	Qtd Bloq	Cmp Exec	Vnd Exec	Cmp Não Exec	Vnd N Ex
	VIS	C/V	23.000	23.000	0	0	0	0	0	
	VIS	C/V	10	10	0	0	0	0	0	
	VIS	C/V	1.150	1.150	0	0	0	0	0	
	VIS	C/V	800	800	0	0	0	0	0	
	VIS	C/V	15.000	15.000	0	0	0	0	0	
	VIS	C/V	5.000	5.000	0	0	0	0	0	
	VIS	C/V	1.500	1.500	0	0	0	0	0	
	VIS	C/V	500	500	0	0	0	0	0	
	VIS	C/V	800	800	0	0	0	0	0	

Tipo Mercado: Opção (0)

Tipo Mercado: Termo (0)

Vista: 350.002,50 Opção: 0,00 Termo: 0,00

Total: 350.002,50

Estamos sendo bastante cautelosos ao descrever nossa forma de agir no mercado de ações, evitando apresentar quais ações possuímos. Acreditamos que este cuidado faz-se necessário para evitarmos qualquer tipo de influência para uma modalidade de investimento que, por si só, já é bastante arriscada, não necessitando da exposição detalhada de uma carteira de ações de empresas diferentes das mais negociadas (Petrobras, Vale e Bradesco, entre outras). Recentemente, comentamos quais eram essas ações para uma jornalista que, naturalmente, exclamou: "Gente, vocês são doidos!" E acredite, leitor: nós concordamos. Após alguns meses com ações de baixa liquidez, em um ambiente extremamente volátil (freqüentes quedas), com nenhuma ou quase nenhuma valorização, apesar de resultados econômico-financeiros positivos, estamos voltando, gradativamente, deste caminho de alta periculosidade que trilhamos e que percebemos não ser para o nosso bico. Neste tipo de ambiente, com ações que sofrem muita especulação, o momento da venda, que é outra análise fundamental para se concretizar um bom lucro, torna-se ainda mais crítico. Para nós, novatos, foi possível constatar que não estamos atuando no tempo certo: compramos com preço elevado, mantemos a ação conosco enquanto ela é valorizada, mas, de repente, o "ganho' obtido se evapora. Regina tem se desfeito de algumas destas ações e redirecionado o dinheiro para outras, um pouco menos suscetíveis ao mau humor do mercado. Um item que continua sendo muito importante neste processo é a disponibilidade de tempo para obter informações que são, literalmente, garimpadas na "*net*", e também para acompanhar as variações das ações. Existe esta impressão de necessidade de tempo por parte daqueles que ainda não começaram a investir no mercado de renda variável e ela se mostrou bastante onipresente no nosso dia-a-dia, piorando à medida que partíamos para investidas mais especulativas. Desta forma, reforçamos que, quanto maior a postura especulativa, maior será a necessidade de dedicação ao acompanhamento do mercado. Um coração forte e saudável também ajudará bastante. E o contrário parece ser verdadeiro em relação à dedicação quando os posicionamentos são de médio/longo prazos: o tempo despendido para acompanhar e avaliar a evolução da carteira é menor.

6.7. Novas percepções

Mesmo após ter finalizado seu "treinamento" no Folhainvest, Regina manteve a carteira e não mais processou compras ou vendas. De tempos em tempos ela retorna ao Folhainvest e verifica o resultado. Na última verificação ela constatou uma rentabilidade de 40%

nos últimos seis meses. Pena que a carteira é virtual! Por que estou comentando isso? Aquela carteira praticamente não é acompanhada, apresenta empresas consideradas de primeira linha (Petrobras e Vale, por exemplo), por ser um dinheiro "irreal", não nos preocupa, e assim, com estas informações, eu fui direcionado a acreditar que esta configuração poderia ser adotada por nós, como nossa nova estratégia de operação. Regina, como grande mentora da dupla, citou que era uma impressão incorreta. A grande valorização era fruto de um excelente desempenho das ações mencionadas, mas em um momento específico. Ao analisarmos o gráfico das ações, percebemos que elas passaram um tempinho andando de lado (sem valorização ou valorizações mínimas). Assim, vamos testando alguns possíveis novos caminhos e ajustando nossa rota. A idéia de se montar uma carteira fictícia, deixando-a "trabalhar" sozinha no longo prazo para periodicamente comparar o seu resultado com o resultado da carteira real parece ser válida para se obter um bom medidor de desempenho e de avaliação da estratégia adotada.

Temos algumas impressões ou "achismos" sobre situações específicas já vivenciadas por nós neste sobe e desce do mercado. Talvez estejamos sofrendo um pouco da chamada "Síndrome da Teoria da Conspiração", ou seja, de forma bem simples, acreditamos que o mundo está tramando contra nós. Como disse, são "achismos" que não podemos comprovar, mas dividimos com o leitor. O primeiro se refere ao uso do "*stop*". Na verdade, este mecanismo existe tanto para venda como para compra de ações e o princípio de funcionamento é o mesmo já descrito: a ação no mercado ao atingir um determinado valor predeterminado pelo usuário do *homebroker* faz com que a ordem (de compra ou de venda) seja processada (ou aceita) e, assim, efetiva-se a solicitação desejada. Parece que estes "*stops*" são, de alguma forma, visualizados e, periodicamente, as ações são forçadas para baixo, provocando a sua venda a preços baixos. E, logo em seguida, elas retomam os valores anteriores. Para aqueles que conseguem visualizar os "*stops*" é possível obter bons lucros com esta operação. Devido a este "achismo", deixamos de utilizar esta ferramenta. Como temos tempo para acompanhar o comportamento das nossas ações, ela se torna desnecessária. Outra impressão que temos é de que aquilo que já foi retratado em filmes como "Wall Street – poder e cobiça" e "Um bom ano", parece acontecer de fato: grandes investidores conseguem influenciar, momentaneamente, o valor de uma ação. Em alguns casos, com ações específicas, tem-se a percepção delas estarem sendo manipuladas constantemente, pois alguns participantes do mercado entram com grandes ordens de venda ou compra, deixando o valor da ação entre dois limites que se mantêm com o tempo. A questão da precificação pelo mercado é outro item interessante. Achamos que o acesso a informação não acontece de forma democrática e, ao mesmo tempo, para grandes e pequenos investidores. Entretanto, como dissemos, são impressões. Não temos como comprová-las e assim, com essa crença ou ilusão, procuramos ser mais cautelosos nas nossas escolhas.

6.8. O funcionamento do *homebroker*

Precisamos falar um pouco sobre a parte operacional do *homebroker*. O sistema é ótimo e permite a participação neste mundo novo e repleto de emoções. Pena que nem tudo é perfeito. Ter um desconto de 80% na corretagem é agradável. Entretanto, quando o sistema fica sem funcionar, justamente no momento que você vê, claramente, a possibilidade de uma ótima compra ou venda, percebe-se que não existe almoço "grátis". E, periodicamente, o sistema falha. Percebemos que isso acontece com mais freqüência quando o mercado está aquecido (subindo e/ou descendo rapidamente). Talvez devido a um congestionamento de dados nas linhas de transmissão. Não sabemos. Recentemente, colocamos uma ordem e, logo em seguida, a cancelamos. Durante o processo de cancelamento, o sistema caiu. Ao retornar, percebemos que a ordem não havia sido cancelada e, o pior, ela tinha sido aceita e processada. Comprovar isso é difícil, pois não copiamos as telas do computador a cada informação enviada. Mas, sem dúvida, o problema principal é ficar sem conexão, sem saber o que está acontecendo. A corretora se defende, alegando a existência de uma alternativa de contato, através do telefone, falando diretamente com um dos analistas. Mas solicitar o que para esta pessoa, se não estamos visualizando o comportamento do mercado? E trabalhamos com uma corretora que ficou em primeiro lugar em uma avaliação independente realizada com diferentes usuários do sistema *homebroker*. Devido à freqüência de falhas, formalizei uma reclamação na CVM (Comissão de Valores Mobiliários). A mesma questionou a corretora e esta nos enviou uma carta que, na prática, não mudou nada. Conversando com nosso corretor, ficamos sabendo que eu tinha sido o primeiro a formalizar uma reclamação na CVM e, assim, havia me tornado uma pessoa "famosa" naquele ambiente de trabalho. Com este parágrafo, queremos dividir duas informações: as reclamações enviadas para a CVM têm um encaminhamento e o desempenho do usuário do *homebroker* é, também, influenciado pela qualidade do sistema, tornando-se importante conhecer não só a solidez financeira da corretora escolhida, como também o desempenho operacional do sistema disponibilizado.

6.9. Conclusões

Não queremos deixar uma falsa impressão de estarmos descontentes com o nosso desempenho atual na Bolsa. Quero dizer que, apesar das surras e do sentimento de estarmos parados na frente do computador com a boca aberta e a cara de bobo vendo "os outros" ganharem dinheiro, continuamos acreditando que esta seja a melhor opção para potencializar a rentabilidade dos nossos investimentos. O desafio está na necessidade de um aprendizado constante e profundo. Não adianta achar que com alguns princípios de análise fundamentalista e/ou conceitos básicos de análise gráfica (resistência, suporte, "bandeira de alta", por exemplo) você terá sucesso. O básico ajuda, mas tem muita gente operando neste mercado com somas em dinheiro e experiência muito maiores do que as nossas. Em alguns fóruns de discussão, os pequenos investidores são conhecidos como sardinhas, e os grandes, como tubarões. A palavra chave já foi mencionada: experiência. E, para obtê-la, torna-se necessário vivenciar o processo, com calma e juízo. Nossa carteira teve uma desvalorização significativa no nosso ponto de vista, mas momentaneamente. Não é a primeira vez que isto acontece, e também não acreditamos que perderemos todo o nosso dinheiro investido, uma vez que as nossas opções foram baseadas em uma análise cuidadosa das empresas de baixa liquidez que escolhemos. De fato, ao considerarmos os últimos seis meses, tivemos uma rentabilidade igual a 8,9%, valor bem próximo ao da média histórica anual do Ibovespa de 8,8% (nos últimos 39 anos), e acima das taxas fornecidas pela renda fixa. Adicionalmente e com maior relevância, estamos cumprindo o plano para independência financeira com esta rentabilidade alcançada. Finalmente, não aplicamos em ações aquele dinheiro economizado e que tem uso específico no curto prazo (por exemplo, para a compra de um automóvel).

Um amigo nos perguntou como começamos com esse negócio de compra e venda de ações. Aproveitamos nossa resposta e a incluímos aqui como resumo do que descrevemos neste capítulo: tínhamos a necessidade de aumentar a rentabilidade dos nossos investimentos frente a um ambiente de sucessivas quedas das rentabilidades provenientes da renda fixa. Procuramos nos informar sobre o mercado de ações e treinamos um pouco no Folhainvest. Continuamos nos informando e descobrimos a possibilidade de comprar ações através do *homebroker*. Iniciamos este processo de compra, conforme nosso entendimento sobre alguns mercados onde o Brasil é extremamente competitivo. Estamos também apoiados pelas sugestões de alguns analistas. Começamos com ações de primeira linha, as chamadas *Blue chips*, mas logo em seguida entramos em um terreno mais perigoso, operando com ações diferentes das já mencionadas, mas estamos recuando por considerar que não temos condições de operar neste nível. E, acima de tudo, estávamos cientes dos riscos existentes neste tipo de investimento. E tem valido a pena? Acreditamos que no médio/longo prazo seremos bem-sucedidos e, assim, continuamos aprendendo sobre o assunto e vivenciando o sobe e desce do mercado. Estamos, aos poucos, obtendo a experiência necessária para se fazer bons *trades* (negócios). Gostaríamos muito de dizer que nosso "sucesso" financeiro é proveniente de boas "jogadas" no mercado de ações, mas isso não é verdade. Reforçamos que somos bons poupadores e, graças a isso, temos uma segurança a mais para operar neste mercado de "histéricos".

CAPÍTULO 7

A casa própria: como compramos a nossa

7.1. A decisão pela compra

No final de 2001, o desejo de comprar uma casa começou a se abater sobre nós. Já tínhamos quase R$75.000 investidos e o temor com a possível eleição do então candidato à presidência do Brasil, Lula, só crescia. Entramos em 2002 decididos a comprar o nosso imóvel à vista com um bom desconto. Mas não foi uma decisão fácil. Já tinha lido que não era um bom investimento e confirmado, também, que com o valor do imóvel investido em renda fixa conseguiria rendimentos maiores do que os dos aluguéis cobrados. Mas Regina comentava a questão da segurança de se ter algo próprio por causa do trauma do episódio do Collor (para aqueles que não se lembram: houve confisco do dinheiro aplicado), e não tem jeito, a nossa cultura prega a necessidade de se adquirir um imóvel. Entretanto, o que realmente ajudou na tomada de decisão foi o medo generalizado "no mercado" das alterações que poderiam ocorrer na provável eleição de Luis Inácio Lula da Silva. O risco-país "bombava" e a Bovespa caía. Para nós, até então desconhecedores do mercado de ações, isso não tinha impacto algum. O problema era que as informações ao nosso redor não eram animadoras. E assim, a decisão foi tomada.

Começamos a nossa busca pelas redondezas do bairro em que morávamos e gradativamente fomos ampliando nosso raio de cobertura. Regina, como engenheira civil, analisava os padrões de qualidade da construção. Procurávamos um imóvel de cerca de 150 metros quadrados (no máximo 180), preferencialmente com uma área nos fundos para uma pequena horta.

Não demorou muito para encontrarmos uma casa que nos agradasse. Aconteceu em fevereiro de 2002. Estávamos decididos a voltar para casa após um domingo de busca malsucedida, quando encontramos uma casa bastante interessante. O proprietário estava fechando o portão para ir embora quando o questionamos sobre a venda do imóvel. Ele se mostrou bastante cortês, e comentou que havia construído a casa para ele e a família morarem, e estava fazendo um teste para uma possível venda. Pedimos para conhecer o imóvel e ele concordou, prontamente.

A casa era muito bonita e bem grande. Quando chegamos ao ático (terceiro piso), Regina comentou: "É essa!". Mas tínhamos dois problemas: a casa tinha 270m^2 e custava mais do que o dobro das nossas intenções de pagamento.

Retornamos para o nosso apartamento alugado, aliás, um pouco maior do que o ático da casa mencionada. Até então eu não sabia, mas logo pude perceber que um "*alien*" tinha se hospedado na Regina. Ela já tinha feito, mentalmente, suas considerações. O preço da casa, apesar de superior às nossas expectativas, apresentava um valor por m^2 um pouco abaixo do mercado e com um padrão de qualidade na construção muito superior. Se fizéssemos uma boa contraproposta, baixaríamos ainda mais o valor por m^2. E, por aquele imóvel, valeria a pena rever nossa premissa de pagamento à vista, assumindo um financiamento.

Caro leitor do sexo masculino, não preciso dizer que a opinião dela prevaleceu. Mas lutei bravamente por alguns minutos... Falei que a casa era realmente bonita, mas que não tínhamos o valor requerido. "Contraproposta", foi a resposta dela. Então, percebendo que ela realmente escolhera aquele imóvel e estava decidida a comprá-lo, passei para o lado dela e iniciamos a discussão de como viabilizar o negócio.

7.2. A negociação

A primeira dúvida foi quanto oferecer pela casa. Conversamos, verificamos os valores que já tínhamos de outros imóveis e Regina sugeriu um valor 20% (margem comum de negociação) menor do que o solicitado pelo proprietário. Além disso, pagaríamos 50% à vista e parcelaríamos o restante. Minha resposta foi: "Tá maluca?

Ele não aceitará isso. Essa proposta chega a ser uma ofensa." Minha esposa, do alto de sua sabedoria oriental, respondeu: "Você não deve se preocupar com a reação dele, pequeno gafanhoto. A gente faz a nossa proposta e vê no que dá." Espetáculo de patroa. Em um curso de negociação, feito muito tempo depois, aprendi o termo "ancoragem", que de forma simples significa o posicionamento de uma oferta em um extremo (alto ou baixo, dependendo do lado negociador). Normalmente, o valor "fechado" (ou acordado) acaba ficando próximo desse valor. Independentemente do que o proprietário queria, Regina propôs uma ancoragem para baixo!

O passo seguinte foi determinar o número de parcelas para quitar o restante do valor do imóvel. Tínhamos o interesse de quitar a casa em um prazo reduzido. Verifiquei o nosso orçamento e com 36 parcelas mensais, mais três balões, geralmente no final de cada ano, a casa estaria quitada. Como envolvia um período longo, acrescentamos também um juro fixo mensal de 0,75%. Essa proposta, com parte do pagamento à vista, e com 36 parcelas fixas, mais três balões, com juros já inclusos, representava 80% do valor desejado pelo proprietário.

Formalizei a proposta e a enviei para a imobiliária contratada pelo proprietário. A resposta foi negativa, mas havia uma abertura para renegociação. De acordo com o corretor, o proprietário desejava um valor um pouco melhor. Insisti que não tínhamos condição, já estávamos comprometendo parte substancial dos nossos salários mensais, férias, 13º sálario e participações de resultado. E o pior: durante três anos, que nem ao certo sabíamos se estaríamos empregados. Recebi como resposta que com mais cinco parcelas o proprietário fecharia negócio. Pude perceber, naquele momento, que o prazo poderia ser alongado, o que contrariava minhas considerações iniciais, achando que o proprietário não aceitaria prazos maiores de pagamento. O que tínhamos a nosso favor? Pelo menos 50% do valor do imóvel em dinheiro. Esse percentual muito nos ajudou na negociação. Regina e eu conversamos, esperamos um pouco e refizemos a proposta (05/03/2002), adicionando as cinco parcelas solicitadas. Agora, o valor proposto representava 88% do valor inicial solicitado pelo proprietário. Entretanto, com um parcelamento dos 50% em 41 meses.

Não demorou muito e recebemos a boa notícia: ele havia concordado com a nossa proposta. Mas, havia um pequeno problema: como os juros calculados eram fixos e no valor de 0,75% em cada parcela, o que aconteceria se houvesse um crescimento exagerado da inflação? O proprietário queria se proteger disso. Achei justo e fiquei de pensar no assunto. Como solução, propus que se a inflação pelo INPC do IBGE fosse superior a 2,5% no mês, durante a validade do nosso contrato, atualizaríamos o valor restante do pagamento pelo novo valor do INPC, descontando os 0,75% já inclusos. Ainda não era o suficiente. E se em um período de três meses a inflação acumulada fosse muito superior aos juros já considerados nas parcelas? Bem, também fazia sentido. Finalizamos essa questão colocando mais uma observação no contrato e garantindo que caso a inflação acumulada em um período de três meses consecutivos fosse igual ou superior a 6%, seria efetuado o pagamento da diferença, aplicando-se o percentual apurado sobre as parcelas dos três meses considerados, descontando-se 0,75% de cada valor mensal medido.

Tivemos um novo questionamento em relação ao indexador escolhido: INPC do IBGE, em vez do IGP-M, até então o padrão utilizado pelo mercado. Comentei que nossos salários eram atualizados pelo INPC e, assim, no nosso ponto de vista, este era o indexador mais apropriado. No final das contas, o então proprietário aceitou, também, a utilização do INPC para possíveis atualizações.

Para a minha desilusão, na oitava parcela, tivemos de atualizar o valor restante do pagamento, pois o INPC foi de 3,39%. Tive a mesma tristeza no mês seguinte, pois novamente, o INPC ultrapassou o limite que evitava a atualização do contrato, batendo a casa dos 2,70%. Isso foi o suficiente para perdermos um pouco do sono, que com o tempo, recuperamos. Dos 41 meses de pagamento, esses foram os únicos que exigiram alteração do saldo devedor e tiveram como impacto um acréscimo total de R$4.000 no valor de pagamento do imóvel.

Meses depois da assinatura do contrato e das 43 notas promissórias com o proprietário, ele nos falou que aceitou a proposta por ter sido a melhor oferta apresentada, apesar de não ser aquilo que ele desejava. Boa parte em dinheiro, ele não tinha pressa para receber o restante e verificou que o nosso plano era de trabalhadores que contavam com os salários, férias, 13º salários, e possíveis bônus para a quitação do bem. Disse, também, que nos achou bastante honestos e que nunca faria o que eu tinha feito: apresentar os extratos das contas correntes e dos investimentos para comprovar a disponibilidade de dinheiro para o pagamento da parte inicial.

7.3. Considerações

Corremos o risco de assumir um endividamento de longo prazo com uma parcela "salgada". Tivemos sorte ou ajuda divina, mas, novamente, fizemos aquilo cientes de que, caso houvesse complicações (por exemplo, um dos dois perder o emprego), faríamos o possível para honrar o pagamento.

E assim compramos a casa. O pagamento inicial foi efetivado no momento da assinatura do contrato, quando praticamente zeramos as nossas economias e assumimos a dívida que duraria 41 meses. Estávamos felizes pela aquisição do imóvel, mas chateados por não mais possuirmos "dinheiro em espécie". Teríamos de iniciar mais uma vez o nosso processo de poupança. E, de forma inesperada, o mesmo foi, momentaneamente, interrompido por uma situação que tem se tornado cada vez mais comum em nosso país: logo após a mudança para a casa dos nossos sonhos, exatamente no mesmo mês, fomos roubados. Estávamos no trabalho e quando Regina retornou para casa, ao tentar acionar o portão eletrônico, ele não funcionou. Após conseguir vencer esse obstáculo, ao entrar e passar pela sala, constatou uma bagunça na copa e, logo em seguida, que a porta dos fundos havia sido arrombada. Os ladrões já haviam ido embora e levaram com eles uma bicicleta, um videocassete, roupas, tênis e outras coisas. Dessa forma, tínhamos uma casa e um trauma para gerenciar.

Acionamos a polícia e o seguro. Sim, temos seguro residencial desde a compra do imóvel. E o correspondente para o nosso "velho" carrinho. O seguro cobriu, praticamente, todos os valores dos itens furtados.

Em paralelo, iniciamos nosso reforço na segurança da casa: além da segurança monitorada que já tínhamos (e que falhou, por sinal), instalamos uma cerca elétrica (conforme legislação da prefeitura), reforçamos as portas dos fundos, colocamos pedaços de vidro no muro (com o trauma vale tudo!), grade na janela da sala e faltou apenas comprar aquele uniforme listrado com um número no canto esquerdo do peito. Afinal, havíamos transformado o nosso lar em uma pequena prisão. Fruto da modernidade.

Tivemos gastos adicionais que consumiram, inicialmente, as possíveis sobras de salário e nos impediram de reiniciar nossa poupança.

Não demorou muito para tentarem, novamente, roubar nossa casa. Ao testarem a cerca elétrica, o alarme disparou. Estávamos em casa. Com o barulho, os meliantes fugiram. Desde então, não tivemos mais problemas. E não demorou muito para retomarmos nosso processo de poupança mensal em paralelo ao pagamento das 43 notas promissórias. Em agosto de 2005, pagamos a última parcela e a casa era, finalmente, nossa.

Queremos, com essa breve descrição do que nos aconteceu, destacar a importância de se proteger o patrimônio: estamos falando do seguro residencial e também das ações de melhoria contra furtos, que, em um primeiro instante, consideramos como despesas, mas aprendemos que são, na verdade, formas de se garantir o que se conquistou.

Após cinco anos morando nessa residência, temos uma grande satisfação em tê-la adquirido, mesmo com o episódio do roubo. Primeiro, por ter sido um bom investimento. No momento da compra não sabíamos que os imóveis da região estavam em um contínuo processo de valorização. Atualmente, nossa casa vale, de acordo com o mercado, R$360.000. Não pretendemos vendê-la, mas é sempre bom acompanhar a evolução (ou não) do que se possui. Segundo, porque o sentimento de "segurança" em se ter algo realmente seu, faz-se presente todo dia. E, por último, é gratificante ver nosso primeiro filho (o segundo ainda está mamando) brincar, correr, jogar bola no ático comigo e/ou com os filhos (ou melhor, as filhas) dos nossos amigos. Como Regina diz: "A gente se acostuma, facilmente, com as coisas boas. Por isso é duro perdê-las." Não temos mais a impressão de que a casa seja tão grande (estávamos acostumados a 70 m^2). Ela nos parece, "apenas", confortável.

No campo das finanças pessoais, temos discutido aleatoriamente nos últimos anos a possibilidade de adquirirmos um terreno como forma de investimento. Acreditamos que esta seja uma boa opção para se obter maiores rentabilidades, já que estamos presenciando uma contínua valorização imobiliária na região onde vivemos. Essa possibilidade tem sido adiada por falta de tempo em pesquisarmos opções. Precisamos, também, continuar nossa educação financeira, agora no item "imóveis". Já lemos alguma coisa no passado, mas uma recordação se faz necessária.

CAPÍTULO 8

A força do casal

8.1. A união faz a força

Comentamos, no início do livro, que procuraríamos sempre fornecer dados e informações nossas para ajudar em possíveis comparações. Isso é válido neste capítulo também. Regina e eu somos bastante disciplinados em nossas finanças e talvez esta seja uma das poucas diferenças que apresentamos em relação a outros casais. Quando nos reunimos com amigos e colegas de trabalho e, invariavelmente, em algum momento um casal deixa transparecer aquelas pequenas reclamações, a conclusão sempre é a mesma: só muda o endereço! Exemplifico isso com as minhas pequenas mazelas: sou bastante desligado em relação às coisas "do lar", apesar de ajudar minha esposa em algumas atividades. E com essa declaração já é possível constatar uma característica comum na maioria dos homens casados: nos sentimos ajudantes e, às vezes, isso é utilizado por nós como diferencial, mas na verdade, só deixa claro que não assumimos nossa co-responsabilidade na administração do lar. Isso cabe à gerente, ou seja, à esposa. Como ajudante, sou bastante desligado e Regina precisa repetir a mesma coisa muitas vezes, e durante anos, até eu conseguir mudar o meu jeito de agir. Toalha de rosto, por mim, fica no banheiro uns dois meses sem ser trocada. Pano de copa com desenho, eu normalmente deixo pendurado pelo lado do avesso. Pequenos objetos que eu tiro do lugar tendem a não retornar ao lugar de origem. Regina, como a maioria das mulheres, reclama desses "pequenos deslizes", que aos olhos dela são coisas extremamente absurdas ("como esquecer de trocar a toalha de rosto?"). Também gosta de saber o porquê de eu estar calado, naqueles poucos momentos que isso ocorre. E é justamente o que qualquer homem menos deseja: falar sobre o assunto. Assim, nos consideramos um casal normal, mas que dedica especial atenção às questões financeiras, pelas quais ambos são responsáveis.

Estávamos almoçando e discutindo sobre a nossa incapacidade de entender como vários casais conseguem manter contas correntes separadas e desconhecer os ganhos do parceiro. "Amor, me dá dinheiro para comprar chuchu?" Com essa frase, Regina me fez gargalhar. Não conseguimos ser imparciais nesse assunto porque casamento é união e compartilhamento de esforços, inclusive no campo das finanças, que não serão mais pessoais por motivos óbvios. Infelizmente, não é o que ocorre na realidade, conforme a matéria "Segredos, mentiras e dinheiro" (*Istoé Dinheiro*, n. 396, abril de 2005). De acordo com a matéria, uma pesquisa realizada pelo instituto H2R de São Paulo constatou que:

- 27% dos pesquisados não sabem quanto o parceiro ganha;
- 23% dos casais não têm conhecimento dos gastos do cônjuge;
- 78% das famílias entrevistadas não têm conta-corrente conjunta.

A pesquisa confirma o que presenciamos em alguns casais. E piora com outras percepções. Normalmente, aquele que ganha mais utiliza o poder econômico para legitimar sua liderança nas finanças do casal (nos poucos casos onde isso ocorre) e, quem ganha menos, submete-se à prestação de contas e aos pedidos de auxílio financeiro. Entretanto, fugimos dessas estatísticas e desse comportamento. Desde antes do casamento, criamos o hábito de considerar todos os ganhos e todos os gastos como nossos. De fato, durante o namoro na faculdade, esse assunto havia sido superficialmente abordado e concordamos que não haveria motivo para tratar as despesas e os salários de forma individual. Na nossa cabeça de futuros "engenheiros", seria muito mais simples colocar tudo em uma única "caixinha", uma vez que seríamos um casal. Além dos mesmos valores em relação a outros assuntos, temos em comum certo desapego ao consumismo e uma paixão pela simplicidade. Vemos com muita alegria esse movimento em busca da simplificação da vida, no qual empresárias bem-sucedidas deixam sua carreira de lado para cuidar dos filhos e outros profissionais largam toda essa parafernália tecnológica e a vida estressante dos grandes centros urbanos para viver em cidades mais calmas e de maneira mais sossegada. E, para ajudar, nenhum dos dois possui alguma atividade ou paixão com altos custos envolvidos. Se tivéssemos, acredito que naturalmente e em conjunto, encontraríamos um meio termo.

Outra preocupação comum refere-se a quem é o "chefe da casa". Temos percebido uma inversão e um crescente aumento de lares onde a mulher é a responsável pelo sustento da família, apesar de a sociedade parecer ainda cobrar esse papel do homem. Até pouco tempo atrás, meus ganhos anuais eram o dobro dos da Regina (ver Tabela 1.1). Atualmente, essa situação está invertida. Problemas? De jeito nenhum, pois temos certeza de que cada um contribui da melhor forma possível para o plano. Regina já ficou desempregada e foi sustentada por mim. E, da mesma forma, fui sustentado por ela em outros momentos. Em ambas as situações, cada um de nós se revezou no papel de estimular o parceiro na reconquista da sua auto-estima e conseqüente retomada de sua trajetória profissional.

Talvez o segredo, ou pelo menos o que deu certo conosco, tenha sido identificar a verdadeira razão em se cuidar do nosso suado dinheiro. Cremos que a chave da nossa força nesse assunto seja **possuir o mesmo sonho** e se deixar conduzir pelas **necessidades para concretizá-lo**. Quando pensamos em uma aposentadoria precoce e na necessidade de se acumular uma quantia suficiente para permitir isso, o que estava por trás desse plano era o desejo de se **ter tempo para dedicá-lo aos nossos futuros filhos.** Na época do namoro, Regina desejava ter quatro crianças. Eu brincava dizendo que sempre seria "n+1", onde *n* é o número de crianças e o "1", no caso, sou eu. Isso foge do padrão atual de jovens casais de classe média que têm um único filho e aumenta a criticidade de se criar condições para fornecer uma boa criação. E quando usamos a expressão "boa criação" estamos considerando que isso somente é possível com a presença e participação dos pais. Somente conseguiremos educar bem nossos filhos se tivermos tempo, estando junto com eles. Já imaginou poder fazer judô no meio da tarde junto com seu filho? Regina, quando está trabalhando e fica muito cansada, sente saudade da "comidinha da mãe". Do que será que nossos filhos terão saudade e os farão voltar de vez em quando para casa? Esse motivo, muito bem fundamentado e de aceitação mútua, é a nossa fonte de energia. Com ele em mente fica muito mais fácil superar pequenos obstáculos, como por exemplo: momentos de descrença em relação ao alcance da meta financeira, desvios momentâneos da rota e apatia.

O nosso agente motivador existia, estava bem claro, e era de comum acordo. Nosso próximo passo era operacionalizar a geração de dinheiro e, assim, começamos a trabalhar. Somos dois profissionais gerando renda pelos nossos trabalhos e procurando poupar o máximo possível. Assim, são dois salários por mês e o montante alcançado faz uma boa diferença. Como moramos separados durante alguns anos, tivemos despesas em duplicidade que não permitiram uma boa economia nos anos iniciais pós-casamento. Em contrapartida, ao dividirmos o mesmo teto, as sobras começaram a surgir em valores mais significativos.

Nossas contas correntes, geralmente, são em bancos distintos devido à escolha dos nossos empregadores. Mas sempre fizemos questão de deixar uma das contas como conjunta para facilitar a administração do dinheiro recebido e as movimentações necessárias para pagamentos e investimentos. Concentramos o pagamento das despesas em uma das contas e, com a outra, fazemos as movimentações para investimentos. Com essa divisão diminuímos também as nossas despesas bancárias. Não há "policiamentos", ou seja, preocupações com os gastos do outro e tão pouco submissão para explicá-los. Em algumas circunstâncias, questionamos determinadas despesas com a preocupação de considerá-las ou não no próximo mês. Claro que brincamos um com o outro fazendo "tipo" de chefe das contas, mas é uma brincadeira onde ambos se revezam no papel de chefe.

Nos momentos festivos, procuramos fechar os olhos para não identificar o valor do presente. Mas confessamos que isso não dá certo por uma situação bem simples: um dos dois fará o lançamento da despesa e o outro participará da análise. E, para nós, saber o valor gasto em um presente não o faz ficar melhor ou pior.

8.2. A divisão de tarefas reforça a união

Enquanto Regina busca aumentar nossa rentabilidade com a compra e venda de ações e maximizar nossas economias do dia-dia, eu me responsabilizo pelo pagamento das contas do mês, registros no orçamento e transferências das sobras para aplicações. Freqüentemente sou eu quem fala para Regina quanto ela ainda tem em conta corrente e quanto temos para aplicar na Bolsa. Também costumo alertar quando estamos próximos dos limites do cartão de crédito, das pequenas despesas e da conta de alimentação. Outra atividade adicional minha é a de verificar a evolução dos nossos investimentos e compartilhar com a patroa. E em conjunto fazemos uma revisão anual do plano com a preocupação de se manter algumas aplicações em renda fixa, pelos motivos já citados no Capítulo 5.

Com a divisão das tarefas financeiras e a clareza da responsabilidade de cada um, multiplicamos os nossos esforços, pois temos a preocupação de compartilhar informações que possam ajudar o parceiro na sua atividade específica. Comentamos sobre o aviso da Regina sobre as debêntures da BNDESpar, meu alerta sobre as possibilidades do mercado da carne, ajustes nos valores a serem poupados por ano, entre outros. Essa participação ativa de ambos permite maior entrosamento do casal nas questões financeiras.

Além dos dois salários, fica claro que somos duas pessoas preocupadas com as pequenas economias do dia-a-dia e com rentabilidades melhores para o dinheiro disponível para aplicação. Essa preocupação nos ajuda também na busca por educação financeira. E da mesma maneira que níveis de educação e formação ajudam na harmonia do casal, o mesmo vale para o conhecimento financeiro. Regina e eu procuramos nos incentivar para o aprimoramento desse conhecimento.

Como resultado, é extremamente prazeroso parar e verificar o que já conseguimos juntos:

- ☐ Um casamento feliz
- ☐ Dois filhos maravilhosos
- ☐ Uma boa casa
- ☐ Uma boa reserva financeira

Sem exagero, éramos, financeiramente, dois "pés-de-chinelo". Mantemos atualmente a mesma relação com o dinheiro: ele tem importância indireta e secundária na nossa vida, podendo ser obtido de diferentes formas (as que considerei são todas honestas!).

Da mesma maneira que conversamos sobre os nossos desejos profissionais, o que esperamos um do outro, da educação dos nossos filhos, conversamos também sobre nossas finanças e investimentos. Essas conversas iniciaram-se no tempo de namoro. Creio que assim deixamos o terreno preparado e evitamos surpresas! Podemos resumir a nossa força em três coisas:

- ☐ o mesmo sonho
- ☐ cumplicidade
- ☐ diálogo financeiro

CAPÍTULO 9

Bobagens financeiras

Nossa história pode parecer irreal e um pouco enjoativa para alguns. Afinal, o que temos até agora? "Casal que se conheceu na faculdade, compartilhando dos mesmos sonhos, transforma plano em realidade ao alcançar seu primeiro milhão de reais." E para piorar: "Começaram do zero, sem nenhum conhecimento de como fazer o dinheiro se multiplicar, além da poupança e dos fundos de renda fixa." Nós mesmos temos dificuldade em perceber quão grande foi o passo que demos e, agora, escrevendo este livro estamos nos conscientizando dessa conquista.

Como reconhecemos que para uma parcela de leitores isso pode soar como "conto de fadas", tentamos neste capítulo desfazer qualquer imagem de perfeição que possa ter surgido em algum momento em relação ao que apresentamos. De fato, cometemos alguns erros, que só de relembrar e dividir nos fazem sentir mal. Coisas que hoje nos parecem absurdas foram feitas por nós na crença de terem sido ótimas escolhas. Vamos detalhá-las para comprovar que nem tudo foi tranqüilo nessa trajetória. Ponderamos também que poderia ter sido muito pior; tivemos a sorte de não sofrer grandes interrupções na nossa caminhada.

Esperamos que, após "lavarmos as roupas sujas publicamente", o leitor possa perceber que nossa história nada tem de irreal, muito pelo contrário, trata-se de um esforço disciplinado de longo prazo. E, adicionalmente, que ela pode ser repetida e facilmente melhorada por aqueles que se dispuserem a buscar sua independência financeira.

9.1. A primeira grande bobagem: a compra de um apartamento pelo Sistema Financeiro de Habitação

Regina e eu começamos a acumular a nossa poupança em 1994, quando estávamos em Florianópolis.

Em março de 1995, fui aprovado em um programa de *trainee* e me mudei para Blumenau/SC. Era um programa com duração planejada para dois anos, com o intuito de formar futuros administradores. Após 7 meses de trabalho, tive o privilégio de ser promovido, assumindo uma posição operacional na empresa. Dividia um apartamento com outros colegas, também *trainees*, e as visitas da Regina em Blumenau eram dificultadas por essa situação.

Tínhamos economizado até setembro de 1995 cerca de R$11.000 (economia de cerca de dois anos). E um pouco antes disso, pensamos na possibilidade de comprar um pequeno imóvel financiado. Afinal, eu estava iniciando bem minha vida profissional e ter a posse de um imóvel era (e ainda é!), normalmente, o sonho de todo futuro casal. Como disse anteriormente, só esse processo de releitura do passado é constrangedor. Estávamos nos afundando na "Corrida dos Ratos" descrita no Capítulo 2.

Comecei minha busca por um apartamento que coubesse na nossa disponibilidade de dinheiro. Mas sem considerar o valor total do imóvel. Para nós, naquele momento da vida, o financiamento era algo natural e obrigatório.

Após pouquíssimo tempo de pesquisa, cerca de um mês e meio, encontrei um pequeno apartamento de 66 m² em um conjunto habitacional (Cohab). Era um pouco distante do trabalho, localizando-se no chamado "Bairro da Velha". Os moradores da região chamavam aquele conjunto de prédios (quatro ou cinco), carinhosamente (?!), de "pombal". Claro que descobri isso depois de fechar o contrato de compra. O imóvel, apesar de pequeno, era agradável. Liguei para a Regina dizendo ter encontrado uma opção e ela deu um pulo em Blumenau para verificar. Após uma olhadela inicial e a certificação de que eu vira outras alternativas, ela concordou com a possível compra.

O apartamento não poderia ser transferido, pois estava "hipotecado" e, assim, a maneira usual de venda era através dos chamados contratos de gaveta. O contrato oficial continuava sendo entre o SFH e o proprietário vendedor. Eu, como comprador, deveria aguardar a quitação do imóvel e receber a transferência da escritura para o meu nome. Isso demoraria mais 15 anos. Informei-me sobre o assunto e este era o padrão da época. Compramos o apartamento em novembro de 1995 por R$13.000 e assumimos o saldo devedor de R$20.015. Não fizemos também a verificação do custo por metro quadrado.

Em 1998, morando em cidades separadas, Regina e eu decidimos que a cidade mais próxima, com chances de emprego para ambos, era Curitiba. Mudei-me para essa cidade em outubro do mesmo ano.

Somente após cinco anos e meio, em março de 2001, conseguimos vender o apartamento de Blumenau, que ficou fechado durante dois anos gerando apenas gastos adicionais de manutenção, IPTU e condomínio. O valor de venda foi de R$13.000. Exatamente o mesmo valor de compra, mas com cinco anos e meio de diferença. A nova proprietária ainda assumiu um saldo devedor de R$13.581. Com apenas essas informações é possível perceber que, financeiramente, fizemos um **péssimo** negócio. Mas vamos nos aprofundar um pouco mais nesse item. Além dos R$13.000 da aquisição do imóvel em 1995, pagamos também as parcelas do financiamento de dezembro de 1995 até fevereiro de 2001. Considerando o valor das últimas prestações de R$192,78 (a prestação era maior e foi reduzida quando pedimos um recálculo no valor do contrato), pagamos adicionalmente 63 parcelas com, no mínimo, o valor já informado (não tenho mais o registro do valor anterior das parcelas) e totalizando R$12.145,10. Já seria muito ruim, mas precisamos acrescentar o condomínio de parte do período em que o imóvel ficou fechado, no valor de R$1.157. Resumindo, gastamos com esse apartamento de 66 m^2, no mínimo, o valor total de R$26.302,10 e recebemos de volta, **cinco anos e meio depois**, a quantia de R$13.000. Não vamos ajustar esse valor com a inflação do período. Cremos que já está claro que fizemos uma grande bobagem financeira. Infelizmente, não foi a única.

E pensar que aquele apartamento, no momento da compra, nos proporcionou a satisfação de um sonho realizado. Sonho que, logo em seguida, transformou-se em pesadelo financeiro, ou seja, um

Freddy Krueger das finanças! Foi uma compra "emocional", faltando uma pesquisa e uma discussão aprofundada para avaliar se aquele era o melhor momento para se adquirir um imóvel. Esses fatores foram agravados pela nossa falta de educação financeira e maturidade pessoal. Assim, resumimos esse episódio: um exemplo real do que não se deve fazer. E iniciamos com ele a contabilização do custo da ignorância.

9.2. A compra do primeiro automóvel

Carrego comigo as sábias palavras de um ex-chefe, do tempo em que eu era bancário. Tinha 18 anos e sonhava com o momento de dirigir um automóvel. Estava em Piracicaba, interior de São Paulo, trabalhando em uma agência do então Banco Real (que viria a ser adquirido pelo ABN Amro). Meu chefe acompanhava o desenvolvimento dos seus liderados e, no meu caso, mantinha uma relação de trabalho tranqüila e amistosa. Um dia após uma avaliação de desempenho na qual eu havia me saído bem, ele comentou: "Marco, você está iniciando sua carreira ganhando seu salário e tem alguns sonhos a realizar. Na sua idade, é muito comum querer comprar um carro, mas não faça essa besteira. Carro, nesse momento, servirá apenas para gastar o seu dinheiro." E foi além: "Pense em comprar uma casa em primeiro lugar." Aquelas palavras chegaram no momento que eu tinha conseguido poupar "uma grana" para comprar uma moto (carro seria muito difícil). Estava morando sozinho naquela cidade, em uma pensão, e aquele conselho, além de seguido, ficou registrado na minha mente.

O dinheiro que seria utilizado para a compra da moto ficou aplicado e foi utilizado, logo em seguida, na minha manutenção na universidade.

Nove anos depois daquele conselho, já em 1997, um ano e meio após a "semi" compra do apartamento em Blumenau, finalmente, adquirimos o nosso primeiro automóvel. Afinal de contas, "já tínhamos um apartamento", e as circunstâncias exigiam isso. Havia a necessidade: Regina morava em Florianópolis e eu poderia visitá-la.

Eu continuava no mesmo emprego e, portanto, havia certa "segurança", além do problema real da distância entre casa e trabalho. E, finalmente, um desejo reprimido de ter um carro, pelo amor de Deus!

Procuramos por um carro pequeno e econômico e, após a compra de alguns jornais de domingo, encontramos o anúncio de um Corsa 1.0 usado. Fui até o local com um amigo para verificar se o carro estava em boas condições. Eu sozinho seria incapaz de fazer isso. O Corsa era muito bonito: rebaixado, com roda de liga leve e maior do que o padrão, além de um escapamento diferenciado que reforçava o ronco do motor (com essa descrição dá para perceber que eu queria comprar o carro!). O valor do brinquedo: entrada de R$6.100, mais seis prestações de R$554,16 (total de R$3.324,96). Compramos o carro e negociamos o pagamento das seis parcelas para um único pagamento. Ficou por R$2.448,91. Dessa forma, em maio de 1997, o carro era nosso por R$8.548,91.

Nossa poupança foi zerada pela segunda vez (a primeira ocorreu com a entrada de R$13.000 para o apartamento).

O carro recebeu um apelido especial, "Tigrão", devido ao barulho do escapamento que, a princípio era bastante "legal", mas após a primeira viagem de Blumenau para Florianópolis e posterior retorno em um final de semana, mostrou-se bastante incômodo.

Como tirei a minha carteira de motorista aos 18 anos e só fui dirigir um carro aos 27 (o Tigrão), confesso que aquela suspensão rebaixada não suportou a minha habilidade como motorista. O alumínio das rodas de liga leve foi, gradativamente, distribuído pelas sarjetas de Blumenau, à medida que eu batia as rodas. Os pneus largos furavam com uma freqüência inacreditável (pena que eu esqueci a marca!). Resumindo: o Corsa voltou ao seu estado de fábrica, ou melhor, perdeu os acessórios e teve a suspensão regularizada, o que, em outras palavras, pode ser descrito como significativas despesas de manutenção.

Ele nos acompanhou até setembro de 2000. Regina e eu estávamos morando juntos em Curitiba (até que enfim!) e tínhamos a Bonitona (adquirida no final de 1997, através de um consórcio e utilizada pela Regina em Florianópolis). Agora, com dois carros, podíamos nos desfazer de um e eliminar o aluguel da garagem extra. O Tigrão foi vendido por R$6.900. Uma desvalorização de 19% em relação ao valor da compra após três anos e quatro meses, e sem considerar a inflação do período. Perdemos dinheiro mais uma vez. Meu ex-chefe, do tempo do banco, tinha razão.

Breve reflexão: um apartamento distante do trabalho nos "obrigou" a comprar um automóvel. E esse bem se depreciou (perdeu o valor com o tempo). Duas escolhas de "investimento" mal planejadas. E, assim, escolhas ruins geram resultados também ruins.

9.3. Tentativas frustradas para um negócio próprio

Após dois anos trabalhando na mesma empresa, o coleguismo de parte dos 25 *ex-trainees* aumentou com o tempo. Durante o horário de almoço, nos encontrávamos na biblioteca da empresa para conversas sobre generalidades. "Como ganhar dinheiro de verdade" era o assunto preferido por nós, jovens trabalhadores, alguns já com cargo de chefia. Algumas atividades ilícitas eram, freqüentemente, comentadas. Fruto da alta taxa de testosterona comum aos jovens.

Comecei a pensar no assunto com mais seriedade e a me questionar sobre que tipo de conhecimento eu tinha para transformar em dinheiro. Não demorou muito, infelizmente, para surgir a idéia de um cursinho pré-vestibular. O salário médio da região era baixo e poderíamos atingir o pessoal com menor poder aquisitivo oferecendo o pré-vestibular a um preço mais acessível e com boa qualidade. Eu já havia trabalhado como professor de Matemática e Física em um cursinho similar (com o mesmo foco) oferecido pelo centro acadêmico da universidade onde eu estudava.

Levei a sugestão para a fábrica e na reunião diária na biblioteca ela foi dividida com dois colegas que estavam por lá, e para os quais eu já havia comentado alguma coisa. Tínhamos duas afinidades em comum: a vontade de tentar ganhar mais dinheiro e o bom humor. Ambos se interessaram, reforçando que a idéia era realmente boa (pena que ninguém ali tinha experiência em Marketing e em avaliação de futuros negócios). Sugeriram que o material poderia ser feito por nós e que dividiríamos a administração e as aulas. Complementaríamos as disciplinas contratando outros professores. E o processo do futuro negócio começou a ser discutido a uma velocidade crescente. Demos uma parada para refletir se iríamos, realmente, colocar aquela idéia em prática. Decidimos que cada um voltaria para sua casa, pensaria sobre o assunto negócio e sociedade e no dia seguinte definiria a sua posição.

Conversei com Regina e decidimos estruturar melhor a proposta. Fizemos um levantamento inicial daquilo que acreditávamos ser necessário para um cursinho: local, equipamentos, funcionários e material didático. Precisaríamos identificar também os custos, a concorrência, o valor da mensalidade no mercado e o número mínimo de alunos. Para desenvolver aquela idéia teríamos bastante trabalho pela frente e ainda não sabíamos se os outros dois colegas aceitariam ou não participar do negócio.

Chegou o dia seguinte e todos concordaram em "materializar" aquela proposta. Seríamos quatro sócios: Regina, eu e os dois. Logo em seguida à decisão, iniciamos as reuniões para estruturação e aprofundamento. Fizemos os cálculos de custo, a determinação do valor da mensalidade e do número mínimo de alunos. Com esses dados, partimos para a ação. Alugamos uma sala com telefone, distribuímos folhetos em um semáforo, elaboramos uma faixa e anunciamos o cursinho em uma rádio. Além disso, fizemos a compra de 40 carteiras por R$500.

Nós nos revezávamos para o atendimento dos possíveis interessados e, com sorte, para o preenchimento das matrículas. Fizemos isso mantendo nossos empregos, já que a esposa de um dos colegas fazia o atendimento durante o dia. Em paralelo, preparávamos o material do cursinho.

O tempo foi passando e, com alguns contatos e poucas inscrições, percebemos que a idéia não tinha dado certo. Os dois colegas decidiram desistir e precisávamos dividir as despesas. Aquele que sugeriu o nome do cursinho, inclusive, queria pagar a parte das despesas que lhe cabia com os "direitos autorais", caso Regina e eu continuássemos com o cursinho. Assim, desistimos daquele negócio e nos distanciamos dos dois, até então, colegas de trabalho com algumas afinidades.

Tivemos algumas despesas que não lembramos mais o valor, excetuando-se as carteiras que nos custaram R$500 e até hoje não foram entregues e, muito menos, o meu cheque devolvido. Perdemos o dinheiro, os dois colegas, e ganhamos a nossa primeira frustração na abertura de um negócio próprio.

Como somos brasileiros e não desistimos nunca, não demorou muito para eu procurar por uma nova idéia. Assistindo a programas tipo "Globo Rural", Regina e eu acompanhamos uma matéria sobre o aumento do consumo da carne de rã e a relativa facilidade de produção. E lá fui eu até o Sebrae de Blumenau me informar sobre a abertura de um negócio próprio, no caso, um ranário (apenas como referência, nasci e cresci na capital de São Paulo, ou seja, sem muito contato com as "coisas" da natureza. Leitor, se você está rindo, pode continuar!). Assisti a um filme e peguei uma cópia de um manual (só 200 folhas de A4) sobre o "cultivo". Confesso que eu estava empolgado com a idéia, até a hora em que li sobre a alimentação dos bichos: a ração poderia até ser industrializada, mas deveria estar em movimento, caso contrário as rãs não teriam o reflexo natural para comê-las. Mas o ideal mesmo era fornecer **larvas vivas de moscas**. Desisti da idéia. Nada como ser um trabalhador assalariado. Por incrível que pareça, ainda tenho o manual do ranário.

Não tivemos experiências positivas com a idéia de um negócio próprio, apesar de sabermos de inúmeros casos bem-sucedidos. Li uma reportagem sobre o sucesso de algumas empreendedoras que conseguiram seu primeiro milhão através de uma idéia transformada em realidade na matéria da revista *Cláudia*, intitulada "Meu primeiro milhão", e disponível em http://claudia.abril.com.br/edicoes/548/fechado/carreira_dinheiro/conteudo_228866.shtml.

Já nos questionaram sobre essa alternativa de investimento, mas como citamos, não somos uma boa referência. A idéia de um negócio próprio é excelente e talvez seja o investimento com maiores taxas de rentabilidade que teremos daqui para frente. Por outro lado e como de costume, apresenta riscos elevados exigindo maturidade, conhecimento profundo, inovação (do produto e/ou do serviço), força de vontade e dedicação. Tudo o que faltou para nós nos momentos que tentamos essa alternativa.

Somente agora reconsideramos nossa posição em não ter mais um negócio próprio. Por se tratar de um ótimo investimento como já citado, talvez, quem sabe, em um futuro não muito distante, possamos concretizá-lo. Atualmente, nos questionamos se seria possível encontrar um tipo de negócio que não ocupe muito o nosso tempo, já que foi essa necessidade (para poder curtir nossos filhotes) que nos motivou a economizar rapidamente a quantia comentada.

9.4. Excesso de autoconfiança na Bolsa

As bobagens financeiras que fizemos apresentam uma característica em comum: aconteceram em um passado "distante".

Pode parecer, em um primeiro momento, que ocorreu uma evolução natural e, assim, após essa melhoria na gestão financeira, chegamos a um nível de conhecimento capaz de garantir sucesso em todas as nossas empreitadas. Seria muito bom se fosse verdade. Entretanto, a realidade é completamente diferente dessa primeira impressão.

Melhoramos bastante nossa postura frente às questões financeiras, aprendemos com os nossos erros e buscamos conhecimento em doses suficientes para a maioria das nossas escolhas de investimentos. Deixamos de fora, pelo que percebemos, apenas um item. Para ele dedicamos tempo, estudo e avaliamos, incorretamente, que a carga dispensada para o assunto "investimento em ações" tinha sido suficiente.

Esse foi o nosso erro mais recente. Estamos nos esforçando para compreendê-lo e, se possível, "domá-lo". Tivemos a situação inicial de medo e nos deixamos levar pelo desespero do mercado. Perdemos os R$36.000 descritos no Capítulo 6. Mais recentemente, apesar dos bons fundamentos das empresas escolhidas, mas movidos pela ganância de bons e rápidos ganhos, entramos em um mercado de grande especulação e, novamente, tivemos perdas, ou melhor, "desvalorizações" no valor de R$33.958. Entendemos esse erro como sendo a nossa mais nova bobagem financeira. Ela se apresentou de duas formas diferentes (será que existem mais?) para o mesmo tipo de investimento. Aproveito para resgatar o uso da palavra "vivência" para expressar nossa impressão sobre o que temos acompanhado. Temos um pouco dela, já que atuamos no mercado de renda variável por pelo menos dois anos. Usar a palavra experiência seria um "pecado capital". O mercado de ações é muito dinâmico e instável no curto prazo. Para se trabalhar em um ambiente no qual as informações mudam com freqüência e exigem monitoramento quase constante, além dos desfechos freqüentemente sem sentido, você precisa ter, no mínimo, um ótimo preparo. Isso se estivermos aprendendo alguma coisa com essa forma de investimento.

Com este capítulo e esse item, acredito que provamos nossa "normalidade". Se nós que cometemos todos os erros descritos (erros que consumiram nossas poucas economias e nos forçaram a trabalhar mais) conseguimos cumprir uma boa parte do plano financeiro a que nos propusemos, então muitos outros também conseguem. Desejamos sucesso a todos que tomarem a decisão de se tornarem independentes financeiramente.

CAPÍTULO 10

Nossa auto-avaliação

"Não foi tão difícil poupar um milhão."

Pensamos em outras formas para iniciar este capítulo, evitando algo direto que causasse um desconforto ao leitor, mas não conseguimos. Quando dizemos "não foi tão difícil", estamos aliviando um pouco e deixando de verbalizar o que realmente sentimos: uma impressão de certa facilidade. Passar no vestibular me traz uma lembrança de esforço maior do que acumular um milhão de reais. Entretanto, nos sentimos satisfeitos, realizados e um pouco mais seguros com o que alcançamos.

Quando usamos o termo "satisfação", precisamos deixar claro o motivo: percorremos o nosso caminho sem passar por cima de ninguém. Fizemos a nossa parte, planejamos a "viagem" e estamos colhendo os frutos. Continuo usando minhas havaianas, meu calção e as camisetas Hering da mesma forma que as utilizava quando estava na universidade (o tempo passou, ganhamos mais experiência de vida, temos mais dinheiro, mas mantemos praticamente o mesmo jeitão de sempre).

Da época da formatura da faculdade até os dias atuais, se passaram 15 anos. E parece que não faz tanto tempo assim. A Terra continua girando na mesma velocidade, mas temos a impressão de que os dias não duram mais 24 horas. E essa agitação e intensidade da vida moderna, muito dedicada ao trabalho, fazem com que os anos passem a uma velocidade absurda. Inconscientemente, usamos essa velocidade relativa do tempo a nosso favor a partir do momento que decidimos fazer depósitos periódicos pensando no futuro. Constatamos que, de uma hora para outra, parte desse futuro se tornou presente. É comum nos desmotivarmos quando pensamos no longo prazo. Parece que o imediatismo da juventude bloqueia nossas ações para o desconhecido e incerto. Como já falamos, nosso sonho e desejo de ter tempo para os "filhotes" nos deu a força necessária para vencer, inclusive, esse obstáculo. E acredite: 10 ou 15 anos passam bem rápido! Ainda bem que transformamos o ato de poupar em atividade rotineira como o pagamento de qualquer conta mensal, mais esta a nosso favor.

Como mantivemos os nossos gastos próximos a um valor constante (mais ou menos) durante alguns anos e conseguimos, no mesmo período, melhores salários, as taxas de poupança foram crescentes e permitiram a rapidez do resultado. Reforçamos nossa crença de que para atingir a meta financeira é necessário priorizar ambos: gastar menos e ganhar mais. O desempenho na gestão desses dois fatores determinará a velocidade para se conseguir o resultado.

Em algumas situações, gosto de me colocar como juiz de mim mesmo, ou melhor, gosto de escutar a opinião daquele pequeno diabinho representante da parcela ruim que carrego. Ele diz: "Também, ganhando o que vocês ganharam nos últimos anos fica fácil." Regina e eu não concordamos com isso. Se fosse verdade, boa parte dos nossos colegas de trabalho, que ganha mais, estaria com situação financeira melhor do que a nossa. E a realidade não é essa. Portanto, reforçamos que o hábito da poupança tem sido o nosso diferencial. E, novamente, quanto maior o valor poupado, mais rápido se chega ao patrimônio esperado.

Lembre-se da fórmula:

Poupança = quanto se ganha – quanto se gasta

O pequeno diabinho ainda não está satisfeito. Agora ele diz o seguinte: "Vocês pouparam, não gastaram (claro) e, portanto, não se divertiram. O que adianta ter esse dinheiro sem ter aproveitado os prazeres da vida e do convívio social?" Uma das respostas poderia fazer referência à atual disponibilidade de tempo. Mas não é o caso. Essa indagação é mais um pressuposto incorreto e muito comum. Nós a resgatamos pois nessa auto-avaliação queremos expressar como nos sentimos quando o rótulo "pão-durice" é utilizado para explicar o possível sucesso nas finanças pessoais.

Temos a impressão de que se trata de mais um mecanismo de defesa que alguns utilizam para sufocar o início de um processo de mudança de comportamento frente ao dinheiro. Ser "pão-duro" está relacionado com não gastar dinheiro. Isso é extremamente difícil para um casal com dois filhos, uma casa grande para cuidar e carreiras profissionais para zelar (cursos de extensão e de atualização profissional não são baratos). Não se trata de não gastar, apenas procuramos utilizar o dinheiro de maneira mais econômica. Quando não fizemos isso, tivemos o resultado apresentado no Capítulo 9 (e pequenos deslizes, como a compra de um CD player portátil por U$105 que está dentro de uma gaveta, sem uso). Pelo que temos percebido um bom convívio social não exige gastos exagerados. Não saímos em "baladas" de quinta a sábado (falta vontade e disposição), não vou ao boteco na sexta-feira tomar cerveja, mas, vez ou outra, nos reunimos com os amigos para um lanche, churrasco ou passeio no parque. É possível ter uma vida bem ocupada, mas com gastos moderados. Em breve descobriremos isso em profundidade, pois teremos mais tempo livre para atividades diferentes daquelas feitas durante as 44 horas semanais de trabalho.

Regina e eu acreditamos que, além de realizar parte da nossa meta financeira até o momento, isso foi feito de forma natural e saudável, sem perdas nos campos pessoal e social. Nós nos vemos como um casal jovem que tem construído a vida a dois com dedicação, amor e tranqüilidade. Agora essa vida é a quatro e, quem sabe, pode vir a ser a cinco!

Gostamos da frase: "Pague-se em primeiro lugar." Nós a utilizamos também para cuidar dos nossos investimentos. Esse foi um aprendizado gradativo, pois tivemos um bom período de descuido com o que é realmente nosso.

Uma das possíveis respostas para a pergunta "Valeu a pena poupar essa quantia?" é a descrição do que estamos vivenciando hoje. Nosso segundo filho está com três meses, minha esposa está em licença–maternidade, e eu ministro aulas apenas duas vezes por semana à noite. O salário dela é suficiente para pagar todas as contas e, com o que ganho na universidade, apesar de pouco, mantemos nosso hábito de poupança. Enquanto eu não retornar ao mercado de trabalho, poderei dedicar mais tempo ao segundo filho e acompanhar detalhes do seu crescimento que não vi no primogênito, pois eu estava trabalhando. Inclusive fiquei períodos longe de casa em viagens e treinamentos. Adoro ver os sorrisos freqüentes do nosso segundo filho e sua tentativa (com ajuda) em ficar de pé. Com dois meses, ele começou a "pronunciar" alguns ruídos como se estivesse conversando conosco. A percepção desses detalhes é possível quando temos tempo, paz de espírito e estamos descansados para notá-los. E a nossa poupança tem permitido isso. Tenho aproveitado melhor também a companhia do primeiro filhote. Enquanto Regina está com o caçula em casa, levo o nosso primeiro filho para a escola, e depois trago-o de volta. No meio do caminho, procuramos caminhões, tratores, placas e respondo (ou tento) às milhares de perguntas que só uma criança tem capacidade de fazer. Sim, tem valido muito a pena os nossos poucos esforços para acumular o primeiro milhão. Daqui a oito anos, teremos uma ou duas crianças e um pré-adolescente. E aí sim, muito tempo para cuidar da nova fase dos não tão pequenos garotos. Mais um exemplo: outro dia, em plena quarta-feira às 16 horas, estávamos no parque tirando fotos. Se estivéssemos em apuros financeiros, creio que não acharíamos o dia tão ensolarado.

Apresentamos a seguir uma lista de itens que consideramos representar os nossos acertos em relação às finanças do casal. Ela sintetiza grande parte do que temos compartilhado com o leitor através das páginas deste livro.

OS ACERTOS

- ☐ Ter objetivos em comum.
- ☐ Identificar o que é realmente importante.
- ☐ Conversar sobre assuntos relacionados às finanças desde cedo.
- ☐ Criar a cultura da poupança, independentemente do valor.
- ☐ Buscar conhecimento.
- ☐ Identificar quanto de dinheiro é o suficiente.
- ☐ Monitorar as despesas.
- ☐ Fazer um plano e revisá-lo periodicamente.
- ☐ Trabalhar com margem de segurança (valor meta de quanto economizar).
- ☐ Participar efetivamente do controle orçamentário e do plano financeiro.
- ☐ Gastar menos.
- ☐ Ganhar mais (criar formas diferentes de gerar renda).
- ☐ Não depender de terceiros para tomar decisões.
- ☐ Estar atento às novas oportunidades de investimento.
- ☐ Aprender com os erros.
- ☐ Apoiar o parceiro.
- ☐ Acreditar que é possível atingir a meta (perseverança).
- ☐ NÃO ESQUECER QUE DINHEIRO É SECUNDÁRIO.

Da mesma maneira e reforçando a importância de se aprender com os erros, pois eles acontecerão, listamos as nossas "mancadas". Se o leitor já cometeu algumas delas, bem-vindo ao time. Se ainda não, procure determinar ações/atitudes que neutralizem a possível ocorrência delas ou minimizem seus efeitos.

OS ERROS

- ☐ Não dedicar o tempo necessário para cuidar dos seus investimentos.
- ☐ Não aprofundar os estudos em investimentos (por exemplo, ações).
- ☐ Ser ganancioso.
- ☐ Mudar de estratégia de aplicação sem avaliar as conseqüências.
- ☐ Agir de forma impulsiva ou pelo senso comum (por exemplo, entrar em um financiamento de imóvel cedo demais).
- ☐ Não comparar taxas bancárias de diferentes instituições.
- ☐ Não comparar rentabilidades de diferentes instituições (por exemplo, deixamos de fazer isso com o PGBL).
- ☐ Colocar idéias em prática cedo demais sem uma análise mais aprofundada (é a questão do imediatismo).
- ☐ Dar muita atenção à opinião alheia.
- ☐ Desconsiderar a opinião alheia.
- ☐ Demorar para tomar conhecimento, aprender e aplicar em ações.

Trilhamos a metade do caminho do nosso plano de independência financeira. Isso nos deixa em uma posição confortável para rever os acertos, utilizá-los como nossa base emocional e discutir mais seriamente os erros realizados, fazendo assim o que já sugerimos ao leitor. A quantia a ser economizada é "quase" a mesma, mas talvez tenhamos uma capacidade de poupança menor. Dessa maneira, nossa eficiência na gestão do dinheiro deverá ser melhor do que tem sido até o momento. Avaliamos as implicações de se ter parte do valor planejado, explicamos o que entendemos com "a quantia a ser economizada é quase igual" e apresentamos algumas alternativas para a conquista do segundo milhão no próximo capítulo.

CAPÍTULO 11

Temos R$1 milhão. E agora?

> *"Ganhar o primeiro milhão é uma realização esplêndida, mas não cometa o erro de pensar que ele lhe dá direito a carros caros, iates, aviões, várias casas e férias luxuosas". "Se quiser uma vida extravagante de lazer, tenho duas palavras a lhe dizer: Continue trabalhando. Mas se anseia deixar o trabalho e aproveitar a vida, é possível fazê-lo.* ***Decidir quanto dinheiro lhe é suficiente depende apenas de você.****"*

Você milionário: 10 mandamentos para ganhar dinheiro e ter tempo para aproveitá-lo, de Michael LeBouef.

Com essas palavras, o escritor Michael LeBouef nos ajuda a manter os pés no chão. Apesar do poder dessa quantia "mágica", nos sentimos inseguros, pois ela representa um pouco mais da metade do que desejamos poupar, conforme o que descrevemos no Capítulo 4. Outro detalhe bastante importante: as aplicações são de longo prazo, objetivando menores taxas de imposto de renda. Assim, como crianças pequenas que conseguiram encher o primeiro cofrinho de dois que possuem, o cheio está "imexível" até o segundo ser completado. Temos o dinheiro, mas não podemos utilizá-lo (ainda não). Lembra um pouco a história do *Rei Midas* que recebeu o dom ou a maldição de transformar em ouro tudo em que tocava. E por último: não nos planejamos para uma aposentadoria tão precoce. Claro que, havendo uma necessidade, aproveitaremos sim o que conseguimos até agora. Entretanto, não é essa a nossa intenção. Continuamos "presos", ou melhor, firmes na meta de R$2 milhões até 2015.

Da mesma forma que nos sentimos motivados para realizar o que descrevemos no parágrafo anterior, é perceptível como esse primeiro milhão tem a capacidade de fragilizar nossas certezas. Será que realmente vale a pena fazer com que o caçula (nosso segundo filho) passe pela mesma situação vivenciada pelo primeiro? Nosso primeiro filho, como muitas outras crianças, foi para o berçário em período integral com cinco meses de vida. E, desde então, mantém a rotina de ficar o dia inteiro na escola. Sinceramente, ainda não sabemos o que fazer. Seria muito bom se pudéssemos trabalhar apenas meio período, mas essa possibilidade é remota. Parar de trabalhar agora para retornar no futuro (após três anos) não nos parece concretizável. O mercado de trabalho não funciona dessa maneira. Terminamos próximos do começo: o que temos ainda não é o suficiente para fornecer a segurança necessária e a manutenção do estilo de vida que temos com as futuras alterações (principalmente o crescimento dos filhos e o nosso envelhecimento).

Pedimos desculpas ao leitor, mas esse é o nosso dilema atual e ainda não temos as respostas para ele. Sabemos que se trata de uma situação muito particular, cabendo a nós assumir as conseqüências do caminho escolhido. Com essas palavras, deixamos essas dúvidas de lado e desenvolvemos este capítulo com a premissa de continuar trabalhando até atingir os dois milhões de reais.

Consideramos diferentes possibilidades para visualizar se a meta será alcançada. Como já dissemos, temos de repetir o que conseguimos com ganhos menores provenientes dos salários. Por outro lado, temos o crescimento natural do primeiro milhão até 2015. Convidamos o leitor a nos acompanhar no desenvolvimento desses cenários. Além de uma necessidade para nós, trata-se de um exercício prático para o qual aplicamos alguns conceitos relacionados às finanças pessoais e apresentados em capítulos anteriores.

Cálculo inicial: Atualização dos R$702.624,09 para 2015

Algumas considerações válidas para as situações desenvolvidas: temos um horizonte de poupança igual a 8 anos ou 96 meses; não consideramos a evolução do valor da nossa casa, por isso, retiramos o valor dela do nosso patrimônio, tendo assim, apenas o dinheiro investido em aplicações financeiras. Esse valor é de R$702.624,09. Começamos o nosso planejamento para o segundo milhão avaliando o crescimento da quantia atual até 2015. Sabemos que os R$702.624,09 estão divididos conforme a Tabela 11.1.

TABELA 11.1 **VALORES INVESTIDOS**

Investimentos	Total	
Ações	R$	383.958,00
Tesouro Direto	R$	153.514,00
PGBLs	R$	130.206,69
FGTS	R$	24.100,00
Debêntures	R$	10.845,40
Total	R$	702.624,09

Cada modalidade de investimento possui a própria taxa de rentabilidade e, portanto, precisaremos identificá-las. Elas estão apresentadas na Tabela 11.2 e estão baseadas em valores históricos (Ibovespa, média dos PGBLs) e valores pactuados (Tesouro Direto).

TABELA 11.2 **RENTABILIDADES LÍQUIDAS (SEM INFLAÇÃO) PARA OS INVESTIMENTOS**

Investimentos	Rentabilidade Líquida
Ações	8,9%
Tesouro Direto	8,0%
PGBLs	6,5%
FGTS	3,0%
Debêntures	6,0%

Com essas informações (valores investidos por modalidade e respectivas rentabilidades) e a utilização de uma fórmula de matemática financeira, podemos projetar o valor desses investimentos para 2015. A Tabela 11.3 reúne as informações das Tabelas 11.1 e 11.2, e apresenta os valores atualizados pelos juros compostos para cada modalidade de investimento.

De acordo com a Tabela 11.3, o valor atual de R$702.624,09 crescerá nos próximos oito anos e se transformará em R$1.309.136,61 se não fizermos aplicação adicional alguma, e também **nenhuma retirada** nesse período. Para tanto, Regina deverá conseguir uma renta-

TABELA 11.3 **VALOR DOS INVESTIMENTOS ATUAIS EM 2015**

Investimentos	Total	Percentual de rentabilidade anual	Total em 2015
Ações	R$ 383.958,00	8,9	R$ 759.463,24
Tesouro Direto	R$ 153.514,00	8,0	R$ 284.143,70
PGBLs	R$ 130.206,69	6,5	R$ 215.491,51
FGTS	R$ 24.100,00	3,0	R$ 32.752,24
Debêntures	R$ 10.845,40	6,0	R$ 17.285,92
Total	R$ 702.624,09		R$ 1.309.136,61

bilidade líquida anual de pelo menos 8,9% para o dinheiro investido na Bolsa; o Tesouro Direto renderá 8% (média calculada das rentabilidades **já garantidas**), uma vez que não pretendemos vender os títulos antes das datas negociadas; os PGBLs precisarão render pelo menos os 6,5% ao ano; e as debêntures, 6% (valor também já garantido). Para o FGTS, consideramos o percentual garantido pelo governo (e deixamos de lado a atualização pela TR) e os depósitos mensais de R$250.

Apesar de mencionado no Capítulo 4, o objetivo dos R$1.872.000 aos 46 anos, estamos arredondando esse valor para R$2 milhões, como já descrito. Descontando o valor atualizado de R$1.309.136,61 desse objetivo, precisaremos acumular uma quantia de R$690.863,39 nos próximos oito anos.

Uma conta simples (**mas incorreta**) seria dividir esse valor por 96 meses e descobrir o valor de cada depósito mensal que deveríamos fazer. No caso, se aplicássemos esse raciocínio teríamos de depositar R$7.196,49 por mês para chegarmos aos R$690.863,39. No entanto, essa conta é incorreta porque deixamos de lado a **grande ajuda** dos **juros compostos** que pode ser obtida dos investimentos escolhidos.

Nosso próximo passo será definir como investiremos nossas economias daqui para a frente e, conseqüentemente, identificar as possíveis rentabilidades que poderemos obter. Com essas informações, poderemos calcular o novo valor de depósito mensal, agora beneficiado pelas rentabilidades dos investimentos.

Definição da estratégia de investimento até 2015

Uma vez que precisamos acumular R$690.863,39 em oito anos, devemos definir como o dinheiro poupado será investido. Sabemos que a renda fixa não está tão atraente como alguns anos atrás. Por outro lado, continua apresentando uma segurança maior do que a renda variável. Essa é a nossa primeira necessidade, ou seja, identificar os percentuais das aplicações a serem direcionados para a renda fixa e a renda variável. Resgatamos e utilizamos a Regra 100 com essa finalidade. Estamos com 38 anos e teremos 46 anos no final do período de acumulação. Ao aplicarmos a Regra 100 para o momento atual, podemos direcionar 62% (= 100 – 38) do valor a ser investido para a renda variável. E esse percentual decrescerá até 54% (= 100 – 46) quando tivermos 46 anos de idade. Para facilitar as contas, trabalhamos com uma média desses dois extremos, no caso, 58%. Dessa forma, identificamos que 58% dos valores a serem depositados serão direcionados para a renda variável (ações), e 42%, para a renda fixa. A Figura 11.1 apresenta o resumo dessa estratégia.

FIGURA 11.1 **ESTRATÉGIA DE INVESTIMENTO PARA OS PRÓXIMOS OITO ANOS**

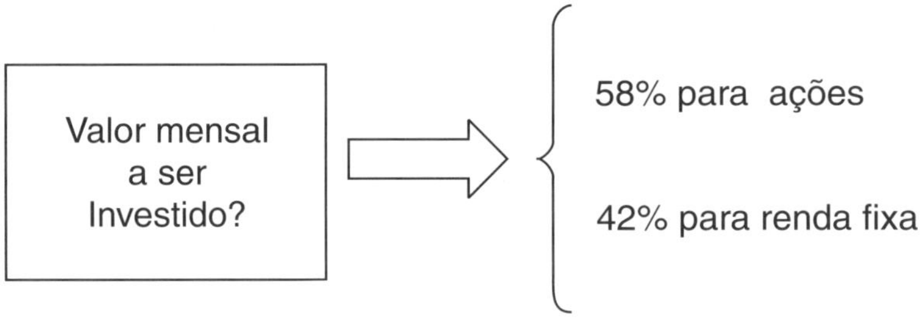

Com essa estratégia definida, passamos para a próxima etapa, que é a identificação das possíveis rentabilidades anuais para os investimentos. Para a aplicação em ações, consideraremos a média anual alcançada pela Bovespa (através do seu indicador Ibovespa) nos últimos 39 anos, igual a 8,9%. Já para a renda fixa escolhemos o percentual de 6,5%. Lembramos que esse percentual está abaixo da rentabilidade ainda oferecida por alguns títulos do Tesouro Direto (cerca de 7%) e por alguns PGBLs. Qualquer valor acima desse percentual representará ganhos mais rápidos para nós. Com essas escolhas estamos sendo, relativamente, cautelosos.

Resumimos as informações dos dois parágrafos anteriores com um exemplo. Para cada aplicação mensal de R$1.000 a estratégia até então elaborada nos direciona para um depósito de R$580 em ações e outro de R$420 em renda fixa. O valor aplicado em ações deverá render 8,9% ao ano e o valor em renda fixa, 6,5% ao ano.

O exemplo nos ajuda a visualizar a proposta da estratégia. No entanto, ainda desconhecemos o valor a ser depositado mensalmente. Mas já temos dados importantes e precisamos perceber um detalhe: sabemos que no final do período de oito anos, acumularemos a quantia de R$690.863,39 (essa é a intenção!). E definimos que chegaremos nela com aplicações mensais de 58% em ações e 42% em renda fixa. Em outras palavras, no final dos oito anos, o total alcançado será composto também por 58% em ações e 42% em renda fixa. Teremos assim, em 2015, R$400.700,77 em ações e R$290.162,62 em renda fixa, conforme a Tabela 11.4.

TABELA 11.4 **COMPOSIÇÃO DO VALOR A SER ECONOMIZADO ATÉ 2015 PARA COMPLETAR O SEGUNDO MILHÃO**

Estratégia de Investimento	Percentual de aplicação	Total
Renda Variável - ações	58%	R$ 400.700,77
Renda Fixa	42%	R$ 290.162,62
Total	100%	R$ 690.863,39

Uma vez que estamos criando um plano de investimento mensal, precisamos encontrar as taxas mensais que, em um ano, serão responsáveis pelas rentabilidades de 8,9% e 6,5%. Com a ajuda de uma fórmula de matemática financeira, chegamos às taxas mensais de 0,71% e 0,53%, respectivamente.

Finalmente temos todas as informações necessárias para especificar o valor mensal dos depósitos. Sabemos a quantia final a ser acumulada para cada opção da estratégia (renda variável e renda fixa), o período para poupança (96 meses) e as rentabilidades mensais para cada opção, ou seja, 0,71% e 0,53% para ações e renda fixa, nessa ordem.

Para encontrarmos o valor do depósito mensal, usamos novamente uma fórmula de matemática financeira, muito parecida com a que utilizamos na determinação da taxa mensal de investimento, mas agora com o objetivo de obter o valor da parcela de pagamento que devemos fazer para atingir a nossa meta. Novamente, como estamos trabalhando com duas opções de investimentos para a mesma estratégia, deveremos considerar as características de cada uma. Resumimos as informações até aqui descritas e apresentamos os valores parciais e o valor total dos depósitos mensais na Tabela 11.5.

TABELA 11.5 **IDENTIFICAÇÃO DO DEPÓSITO MENSAL PARA ATINGIR A META EM 2015**

Informações	Renda Variável	Renda Fixa	Total a ser poupado
Valor a ser alcançado em 2015	R$ 400.700,77	R$ 290.162,62	**R$ 690.863,39**
Período para poupança (em meses)	96	96	
Rentabilidade Líquida (mensal)	0,71%	0,53%	**Total depósito mensal**
Valor do depósito (mensal)	**R$ 2.921,43**	**R$ 2.330,93**	**R$ 5.252,36**

De acordo com a tabela 11.5, precisaremos depositar R$2.921,43 em renda variável e R$2.330,93 em renda fixa, totalizando um depósito **mensal** de R$5.252,36 para cada um dos próximos 96 meses.

O valor encontrado é bem inferior aos R$7.196,49 da conta simples (e incorreta!) de se considerar o objetivo final e dividi-lo por 96 meses. Notamos que os juros compostos se responsabilizam pela economia de um terço dessa conta simplista.

Podemos ter diferentes planos ao variar os percentuais entre renda variável e renda fixa. Contudo, como aplicamos a Regra 100 e encontramos um valor de "pagamento" e rentabilidades possíveis de serem alcançados, paramos por aqui. Precisamos agora é determinar como conseguir o valor mensal de R$5.252,36.

Alternativas para um depósito mensal de R$5.252,36

O salário da Regina cobre as nossas despesas mensais e ainda fornece uma pequena sobra para a poupança. Minhas aulas, duas vezes por semana, estão muito longe desse patamar, o que significa algumas alternativas:

1. Ampliar as atuais oito horas semanais para 43, atingindo o valor esperado para depósito mensal.
2. Retornar ao mercado de trabalho obtendo um salário pelo menos um pouco superior ao valor especificado.
3. Misturar as duas alternativas anteriores, gerando um excedente para cobrir possíveis falhas do planejamento ou do alcance das rentabilidades projetadas.

As três alternativas são possíveis, não apresentando em um primeiro momento grandes preocupações. No caso de se aumentar as horas para lecionar aulas na universidade, o prazo para informar a disponibilidade de horário já se encerrou. Assim, teria de buscar novas escolas com um valor-hora, pelo menos, igual ao que recebo atualmente. Como não planejamos uma aposentadoria tão precoce, em nenhum momento deixamos de lado a minha intenção de retornar ao mercado de trabalho. Caso isso aconteça, o salário médio da minha função cobre com folga o valor exigido pelo plano. Só falta arrumar o emprego! Missão para o Ano-Novo. E ainda temos a possibilidade, caso dê tudo certo, de efetivarmos as duas possibilidades.

Da mesma maneira que tenho a manifestação do "pequeno diabinho", também existe o "pequeno anjinho" que despertou preocupado e questiona o seguinte: **"E se não for possível alcançar o valor de depósito mensal de R$5.252,36? Qual seria o menor valor para se chegar ao objetivo?"** Apesar do nosso otimismo com o valor já definido, não podemos desconsiderar a possibilidade de encontrarmos obstáculos que inviabilizem as alternativas apresentadas. Com isso em mente, voltamos ao cálculo inicial e também à meta de R$1.872.000. Quando arredondamos esse valor para R$2 milhões, absorvemos com muita tranqüilidade a diferença de R$128.000.

Como agora estamos considerando um período de "vacas magras", nada mais racional do que retornar à quantia apresentada no Capítulo 4. Além disso, revendo as rentabilidades previstas para cada modalidade de investimento e quantias existentes atualmente, acreditamos ser possível alcançar uma rentabilidade anual de 7%, em vez de 6,5% para o PGBL (verifiquei o plano corporativo oferecido pela universidade na qual leciono e o desempenho dele nos últimos anos tem sido superior aos 7,0%). Meio ponto percentual pode parecer pouco, mas isso é uma mera impressão quando lidamos com as variáveis tempo e juros compostos. Resumindo, esse novo cenário considera o seguinte:

- Valor meta para 2015: R$1.872.000.
- Rentabilidade anual para o PGBL: 7%.

Com a segunda premissa refazemos os cálculos de atualização para 2015 dos valores presentes e obtemos um valor total de R$1.317.364,44. Os valores considerados e a atualização feita podem ser visualizados na Tabela 11.6.

A atualização da rentabilidade do PGBL gerou um ganho de R$8.227,83 em relação ao plano anterior.

Subtraindo o valor atualizado para 2015 da meta de R$1.872.000, teremos a necessidade de acumular o valor de R$554.635,56.

Utilizando os mesmos percentuais para renda variável e renda fixa do plano anterior, temos a composição do valor da seguinte maneira:

TABELA 11.6 **ATUALIZAÇÃO DA RENTABILIDADE ANUAL DO PGBL**

Investimentos	Total	Percentual de rentabilidade anual	Total em 2015
Ações	R$ 383.958,00	8,9	R$ 759.463,24
Tesouro Direto	R$ 153.514,00	8,0	R$ 284.143,70
PGBLs	R$ 130.206,69	**7,0**	**R$ 223.719,34**
FGTS	R$ 24.100,00	3,0	R$ 32.752,24
Debêntures	R$ 10.845,40	6,0	R$ 17.285,92
Total	**R$ 702.624,09**		**R$ 1.317.364,44**

- ☐ 58% em renda variável ou R$321.688,62;
- ☐ 42% em renda fixa ou R$232.946,94.

Não podemos esquecer que agora estamos considerando uma taxa de rentabilidade anual para a renda fixa igual a 7%, cujo valor **mensal** equivalente é 0,57%. Com os novos valores totais por investimento a serem alcançados até 2015 e a taxa mensal atualizada, refazemos a Tabela 11.5 para encontrarmos o valor dos depósitos mensais.

TABELA 11.7 **ATUALIZAÇÃO DOS DEPÓSITOS MENSAIS PARA O NOVO PLANO**

Informações	Renda Variável	Renda Fixa	Total a ser poupado
Valor a ser alcançado em 2015	R$ 321.688,62	R$ 232.946,94	**R$ 554.635,56**
Período para poupança (em meses)	96	96	
Rentabilidade Líquida (mensal)	0,71%	0,57%	**Total depósito mensal**
Valor do depósito (mensal)	**R$ 2.345,37**	**R$ 1.833,95**	**R$ 4.179,32**

Após as alterações feitas, descobrimos que o valor mínimo a ser depositado mensalmente é de R$4.179,32, em vez dos R$5.252,36 do plano anterior. Desejamos mostrar com essa pequena variação do plano inicial que considerações "sutis" (um arredondamento de R$128.000 e meio ponto percentual na rentabilidade, por exemplo) têm impacto direto no valor a ser poupado a cada mês. Conseguimos uma redução mensal de um pouco mais de R$1.000 durante os próximos 96 meses.

Nosso posicionamento em relação ao plano é o costumeiro: sabemos o valor mínimo a ser alcançado. Se for possível aumentá-lo, faremos isso com o intuito de reduzirmos o limite dos 46 para os 44 anos, ganhando dois anos no plano. Claro que precisaremos retornar aos nossos cálculos e, a partir de uma mensalidade real de poupança e taxas de rentabilidade, encontrar o tempo limite para conseguir o patrimônio de dois (ou quase) milhões de reais.

Tentamos demonstrar, neste capítulo, a elaboração de um plano financeiro para atingir uma meta estipulada quando tínhamos 34 anos. Parte dela já foi alcançada, faltando agora a "segunda metade". O plano para a independência financeira, apesar de extremamente necessário, ainda é um conjunto de ações e contas esboçadas no computador. A vida real é repleta de variáveis que não controlamos; cabe-nos a crença de que teremos a sorte e a ajuda necessárias para realizar o que foi desenhado. Ainda carregamos as dúvidas iniciais sobre a manutenção desse plano e a conseqüente necessidade de deixar os nossos filhos na escola em período integral. Mas isso será naturalmente definido em um futuro próximo.

CAPÍTULO 12

Aos leitores

Quando me imaginei escrevendo este último capítulo, considerei que deixaria claro que esta conquista nada tinha a ver com sorte. Afinal, tenho lembranças que inviabilizam, em um primeiro instante, essa consideração: quando eu era criança, minha avó comprou um título de capitalização para mim. Uma boa iniciativa, mas o banco era o Delfim. Para aqueles com mais de 38 anos e boa memória, será fácil lembrar que o banco faliu e, conseqüentemente, o título não teve cobertura; entrei na faculdade em 1989 e planejava usar as economias e o dinheiro da rescisão do Banco Real para me manter durante os cincos anos do curso. O dinheiro foi aplicado em fundos de renda fixa e, logo em seguida a um feriado bancário, o ex-presidente Collor bloqueou o acesso e a movimentação dos valores em depósito; mais recentemente, meus dados pessoais "vazaram" e foram utilizados pela máfia do INSS (lembra?): para minha surpresa, ao solicitar o resgate do FGTS para compra do nosso imóvel, fiquei sabendo que já havia falecido. Logo depois, fui convidado pela Polícia Federal a depor no intuito de ajudá-la nas investigações para captura da tal máfia. Além de morto, eu era carioca (nada contra, apenas mais uma informação incorreta) e tinha sofrido um traumatismo craniano. A minha foto naquele processo nada tinha a ver comigo. Com estes exemplos, como posso me considerar uma pessoa sortuda em relação ao dinheiro? Mas, após a leitura de *Você milionário*, reconsiderei minha posição e concordo com o autor: temos sorte, sim! Durante todo esse tempo de acumulação de capital, não sofremos qualquer acidente ou fatalidade, temos boa saúde física e mental, um bom relacionamento marido-esposa, estabilidade de emprego e estava no lugar certo, na hora certa e com a mente aberta para descobrir formas diferentes de fazer o dinheiro crescer.

Apresentamos neste livro como conseguimos juntar um patrimônio de R$1 milhão entre cinco e seis anos. Se pudéssemos resumir tudo o que escrevemos em duas palavras, escolheríamos: conhecimento e disciplina. Infelizmente, não aprendemos sobre dinheiro quando crianças e carregamos o ônus desta falha por muito tempo. Por outro lado, não podemos viver lamentando pelo passado, uma vez que o tema "finanças pessoais" tem sido amplamente divulgado nos últimos anos. Precisamos abrir nossos olhos e mentes para este novo paradigma. Poupar requer predisposição e muita disciplina. Todo mês você deposita uma pequena quantia, verifica o saldo, aguarda o próximo mês, repete o processo e, apesar do aumento gradual do saldo investido, a velocidade de crescimento do dinheiro é menor do que aquela que você gostaria. Ficar desanimado é comum nos primeiros anos. Aconteceu conosco também. Entretanto, em determinado momento que não sabemos precisar, o dinheiro começou a crescer mais rápido, ou, pelo menos, nos deu essa impressão e, aí sim, você vê o seu esforço recompensado. É muito prazeroso aguardar o final do mês para verificar o saldo dos investimentos. O dia do pagamento é outra data muito aguardada por duas razões: você recebe o seu salário e faz um "aporte" na sua conta para a liberdade. No começo são esses depósitos que fazem seu dinheiro crescer, depois, os juros compostos fazem a "mágica" por você. E todo mês esta satisfação se repete, nos dando ânimo para continuar rumo à independência financeira. E, finalmente, a cada final de ano avaliamos e comemoramos o crescimento da nossa poupança. Torcemos para que esta história se repita com você.

Procure economizar o que puder o mais cedo possível. Ajude seus familiares a praticarem a poupança o quanto antes. Se Regina e eu soubéssemos do significado e da possibilidade da independência financeira na época da faculdade, poderíamos ter acelerado "ainda mais" o processo de poupança e ter economizado alguns anos. Em outras palavras, o quando começar é muito mais importante do que o quanto investir.

As expressões "milionário", "rico" e "financeiramente independente" parecem iguais, mas não são. Nosso objetivo nunca foi ficarmos milionários ou ricos, pois essas palavras, para nós, carregam padrões de vida diferentes daquele que desejamos. Ter independência financeira foi e é o nosso objetivo. Dependendo do padrão de vida que possuímos, não precisaremos acumular R$1 milhão. Essa é a essência de se conhecer, ou melhor, de medir as suas despesas, de fazer projeções, e aí sim, dividir o resultado pelos 4% ou 6%, com a finalidade de encontrar o valor necessário para nos livrarmos da dependência do trabalho e do dinheiro. Dinheiro é apenas o passaporte para essa liberdade. Liberdade para viver aquilo que consideramos, realmente, importante: ter tempo para participar do crescimento e do desenvolvimento dos nossos filhos. E, cumprida essa etapa, tempo para aproveitar nossa vida com aquilo que desejamos e acumulamos. E queremos isso bem antes dos 65 anos. Lamentamos também o fato de termos deixado nosso primeiro filho no berçário desde o quinto mês de vida, pois Regina tinha de voltar ao trabalho. A opção por largar o emprego faria com que eu me ausentasse por um período maior de tempo.

Recebemos muitos e-mails quando divulgamos a nossa conquista do primeiro milhão na newsletter da Expo Money de agosto de 2007. A grande maioria nos parabenizou e comentou sobre o incentivo recebido pelo nosso exemplo. Mas, na contramão destas felicitações, alguns e-mails questionavam a validade das privações no presente e de se ter dinheiro apenas no futuro. Porém, os pressupostos considerados nestes e-mails estavam incorretos: somos felizes com o padrão de vida que adotamos e que nos permite gerar economias. O futuro, para nós, já virou presente. Em vez da aposentadoria aos 65 anos, queremos usufruir dos rendimentos das nossas economias já a partir dos 46 anos. Nossos filhos estarão com 12, 8 e talvez 5 anos, se tivermos o terceiro. E estaremos mais presentes no crescimento deles.

Levamos 10 anos para juntar R$100.000 e cerca de cinco anos (um pouquinho mais) para alcançarmos um patrimônio de R$1 milhão. Esse salto qualitativo é fruto do cumprimento do plano que elaboramos. E quando dizemos "plano", trazemos com este conceito a necessidade de elaboração de ações com datas e metas definidas (valores). Isso fez a diferença. Mas é bom adicionar também um pouco de confiança e fé. Papel aceita qualquer coisa e computador também, mas é depois do plano feito que a brincadeira começa!

Nossa singela contribuição a tudo que lemos e vivenciamos é apresentada na Figura 12.1.

FIGURA 12.1 **ESQUEMA PARA A INDEPENDÊNCIA FINANCEIRA**

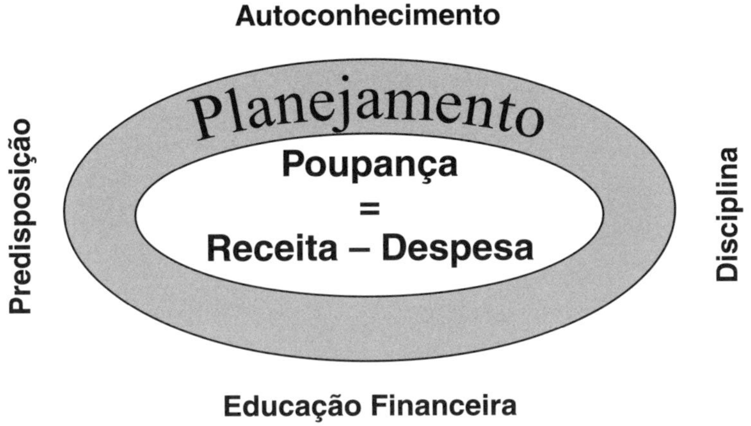

Agrupamos alguns conceitos, conforme uma lógica que nos fez mais sentido. Precisamos de autoconhecimento em relação ao dinheiro, de predisposição para poupar, de conhecimento (educação financeira) e de disciplina para alcançar as metas do planejamento de independência financeira.

Deixamos como sugestão de leitura o seguinte roteiro:

1. *O caminho da riqueza*, de Benjamin Franklin (Editora Lótus do Saber) – Este livro é um conjunto de conselhos populares relacionados ao objetivo de se conquistar riqueza material. Trata-se de uma "compilação" de vários manuais escritos por Benjamin Franklin. Os conselhos são bastante apropriados e diretos;
2. *Pai rico, pai pobre*, de Robert Kiyosaki e Sharon Lechter (Editora Campus/Elsevier) – Nos ajudou a enxergar a "matrix" e a acordar do pesadelo do trabalho;
3. *Você milionário: 10 mandamentos para ganhar dinheiro e ter tempo para aproveitá-lo*, de Michael LeBouef (Editora Campus/Elsevier) – Complementa a visão oferecida pelo livro anterior e acrescenta idéias para o plano do primeiro milhão;

4. *Investimentos: Como administrar melhor seu dinheiro*, de Mauro Halfeld (Editora Fundamento Educacional) – Guia prático de investimentos com uma linguagem muito acessível. Percebemos, só recentemente, que foi nosso grande orientador nas ações concretas para a poupança;
5. *Os axiomas de Zurich*, de Max Gunther (Editora Record) – Deixe para lê-lo apenas no final e caso deseje se aventurar com ações de empresas. Não esqueça que este assunto precisa ser estudado em profundidade.

Com certeza, existem outras obras de valor igual a essas e muito material disponível, gratuitamente, na internet. Entretanto, a literatura descrita é a conhecida por nós, e tem nos ajudado bastante nesta caminhada em direção à independência financeira. Uma vez que devemos investir também em educação financeira, a leitura periódica destes e de outros livros tem como objetivo validar nossas ações e opções no campo das finanças pessoais.

Lemos *Você milionário* após conquistar nosso primeiro milhão. Nossa identificação com o que está escrito no livro foi tão grande que decidi enviar um e-mail para o autor, Michael LeBouef, dizendo que havíamos conquistado o valor já especificado. E ele respondeu: "***Parabéns. Vocês fizeram aquilo que muitas pessoas podem fazer, mas poucas escolhem fazê-lo***." Cremos que esta frase é bastante oportuna e a dividimos com você, leitor.

Percebemos na nossa sociedade uma dificuldade extrema de compartilhar informações sobre a gestão pessoal das finanças. Parentes e amigos não divulgam seus salários e muito menos suas estratégias de investimentos (quando existem). Falar de sexo é menos "tabu" do que falar de dinheiro. Quando tocamos no assunto é para lamentar que não temos o suficiente e que a vida está cara demais. De alguma forma isso precisa ser mudado. Com este livro, fazemos a nossa contribuição também para esta necessidade. Deixamos de lado a preocupação natural e existente em relação à nossa segurança e privacidade. Regina e eu discutimos bastante sobre isso. Para ela, deveríamos utilizar nomes fictícios. Fui contra, pois acredito que a nossa história precisa ser "materializada" aos olhos do leitor. Com essa crença convenci minha esposa a "escancararmos" nossos planos, despesas e investimentos. E também a nos apresentarmos para que sejamos vistos e validemos a possibilidade de alcançar a independência financeira através da disciplina ao poupar e ao aprender a investir sem grandes perdas pelo caminho. Estamos cientes de algumas possíveis consequências desta decisão (por exemplo, redobrar o cuidado com a nossa segurança e, conseqüentemente, alterar a rotina da família), mas fazemos isso com o intuito de promover uma boa mudança de comportamento frente ao dinheiro.

Peço sinceras desculpas ao leitor e a todos os escritores por me atrever a escrever um livro sem o conhecimento de nenhum recurso literário que enriquecesse essa iniciativa. Nossa motivação nos fez adentrar em um meio que representa uma das melhores formas de se obter conhecimento, mesmo que seja para perceber que pouco ou nada sabemos.

Aguardamos a sua opinião sobre o livro, e colocamo-nos à disposição para trocar informações. Sabemos que temos muito a aprender e este livro é apenas um retrato do que vivenciamos com o sincero objetivo de ajudar e estimular os ainda descrentes de que é possível, para trabalhadores, ter um bom patrimônio pelo ato de poupar. Para os iniciados, esperamos contribuir com alguma dica ou com o exemplo para continuarem, pois a meta pode ser alcançada. Nosso e-mail para contato é guiafalcone@hotmail.com.

Talvez seja possível criar um grupo com todos aqueles que estiverem em busca desta tal independência financeira. Poderíamos, pela internet, trocar informações periódicas sobre os nossos investimentos, nossa evolução, pedir apoio dos "amigos" quando necessário, enfim, partilhar nossa "experiência" prática. Surge uma sugestão, talvez ridícula, talvez não, de um dia nos reunirmos para celebrar a conquista de cada um. Conquista baseada no esforço de poupar e investir de forma disciplinada e inteligente.

Aproveitando as frases de dois grandes especialistas em finanças pessoais, Mauro Halfeld e Gustavo Cerbasi, lembre-se:

"As melhores coisas da vida são de graça."
e
"Cuide do mais importante."

Por último, mais um conselho retirado de O *caminho da riqueza*:

> *Não se esqueça de que a experiência tem uma escola onde as lições custam caro, mas os insensatos não aprenderão em nenhuma outra, se é que nela conseguirão aprender alguma coisa, porque podemos ensinar as regras da boa conduta, mas não podemos obrigar ninguém a segui-las.*

Sucesso a todos!

Conheça também os outros livros da Coleção

• Livro dinâmico e ao mesmo tempo sensível sobre investimentos em ações ou clubes de investimento que educa as mulheres financeiramente.

A Bolsa para Mulheres

ISBN: 978-85-352-2766-6
Páginas: 208

• Este livro apresenta uma visão clara e objetiva sobre Finanças, em especial sobre Investimentos.

500 perguntas (e respostas) básicas de finanças

ISBN: 978-85-352-2766-6
Páginas: 208

• Este livro apresenta o passo a passo do processo de educar as crianças para lidar com dinheiro de forma ética e responsável, abrangendo quatro grandes áreas: como ensinar a ganhar; poupar; gastar e doar.

Educação financeira

ISBN: 978-85-352-2421-4
Páginas: 160

• Este livro convida o leitor a participar de uma experiência muito especial: um giro pelo mundo das Finanças e da Economia. Com ele você vai aprender a transformar seu salário em uma quantia que possiblite sua independência financeira.

Como esticar seu dinheiro

ISBN: 978-85-352-2767-3
Páginas: 118

• Neste livro, você entenderá, de uma maneira surpreendentemente simples, como as saúdes do bolso e do corpo possuem semelhanças incríveis. E descobrirá como é possível conseguir o equilíbrio entre elas.

Dieta do bolso

ISBN: 978-85-352-2789-5
Páginas: 250

• Neste livro, o leitor poderá acompanhar a história de dois amigos "o Sovina e o Perdulário" que possuem e buscam a ajuda de um professor para melhorar suas finanças pessoais.

O sovina e o perdulário

ISBN: 978-85-352-2765-9
Páginas: 144

Outras maneiras fáceis de receber informações sobre nossos lançamentos e ficar atualizado.

- ligue grátis: **0800-265340** (2ª a 6ª feira, das 8:00 h às 18:30 h)
- preencha o cupom e envie pelos correios (o selo será pago pela editora)
- ou mande um e-mail para: **info@elsevier.com.br**

ELSEVIER

EDITORA CAMPUS

NEGÓCIO EDITORA

Alegro

Nome: ____________________

Escolaridade: ____________ ☐ Masc ☐ Fem Nasc: __/__/__

Endereço residencial: ____________________

Bairro: ________ Cidade: ________ Estado: ________

CEP: ________ Tel.: ________ Fax: ________

Empresa: ____________________

CPF/CNPJ: ____________ e-mail: ____________

Costuma comprar livros através de: ☐ Livrarias ☐ Feiras e eventos ☐ Mala direta ☐ Internet

Sua área de interesse é:

☐ **UNIVERSITÁRIOS**
- ☐ Administração
- ☐ Computação
- ☐ Economia
- ☐ Comunicação
- ☐ Engenharia
- ☐ Estatística
- ☐ Física
- ☐ Turismo
- ☐ Psicologia

☐ **EDUCAÇÃO/ REFERÊNCIA**
- ☐ Idiomas
- ☐ Dicionários
- ☐ Gramáticas
- ☐ Soc. e Política
- ☐ Div. Científica

☐ **PROFISSIONAL**
- ☐ Tecnologia
- ☐ Negócios

☐ **DESENVOLVIMENTO PESSOAL**
- ☐ Educação Familiar
- ☐ Finanças Pessoais
- ☐ Qualidade de Vida
- ☐ Comportamento
- ☐ Motivação

CARTÃO RESPOSTA

Não é necessário selar

O SELO SERÁ PAGO POR

Elsevier Editora Ltda

20299-999 - Rio de Janeiro - RJ

Cartão Resposta

050120048-7/2003-DR/RJ

Elsevier Editora Ltda

CORREIOS

VOZES IMPRIMIU